Smaki Chin
Kulinarna Odyseja Mistrza Smaku

Wei Chen

Treść

Krewetki z sosem liczi 10
Krewetki smażone z mandarynką 12
Krewetki Mange-tout 13
Krewetki Z Pieczarkami Chińskimi 14
Smażone krewetki i groszek 15
Krewetki z chutneyem z mango 17
Pekin Kamerun 19
Krewetki Królewskie Z Papryką 20
Krewetki smażone z wieprzowiną 20
Smażone krewetki jumbo z sosem sherry 22
Krewetki smażone z sezamem 23
Krewetki smażone w skorupce 24
Smażone krewetki 25
Krewetka w Tempurze 26
Guma balonowa 26
Krewetki Z Tofu 28
Krewetki Z Pomidorem 29
Krewetki W Sosie Pomidorowym 29
Krewetki W Sosie Pomidorowo-Paprzowym 30
Krewetki smażone w sosie pomidorowym 31
Krewetki Z Warzywami 33
Krewetki z kasztanami wodnymi 34
ravioli z krewetkami 34
Abalone Z Kurczakiem 35
Abalone ze szparagami 36
Abalone Z Grzybami 38
Abalone z sosem ostrygowym 39
małże na parze 40
Małże z kiełkami fasoli 40
Małże z imbirem i czosnkiem 41
Smażone małże 42
ciasteczka krabowe 43

krem krabowy.. 44
Mięso kraba liściastego z Chin.. 45
Krab Foo Yung z kiełkami fasoli.. 46
krab imbirowy... 47
Krab Lo Mein... 48
Smażony krab z wieprzowiną.. 50
Smażone mięso kraba... 51
smażone kulki z mątwy.. 52
Homar po kantońsku... 53
smażony homar.. 54
Homar na parze z szynką... 55
Homar Z Pieczarkami.. 56
Ogony Homara Wieprzowego.. 57
Smażony homar.. 58
gniazda homarów... 59
Małże w sosie z czarnej fasoli.. 60
Małże z imbirem.. 62
gotowane małże.. 63
smażone ostrygi.. 64
ostrygi z boczkiem... 65
Smażone Ostrygi Z Imbirem.. 66
Ostrygi z sosem z czarnej fasoli... 67
Przegrzebki z pędami bambusa.. 68
Przegrzebki Z Jajkiem... 69
Przegrzebki Z Brokułami... 70
Przegrzebki Z Imbirem.. 72
Przegrzebki Z Szynką.. 73
Przegrzebki zmieszane z ziołami....................................... 74
Smażony przegrzebek i cebula... 75
Przegrzebki Z Warzywami... 76
Przegrzebki Z Papryką... 77
Kalmary z kiełkami fasoli.. 78
smażona kałamarnica.. 79
paczki kalmarów... 80
smażone bułki z kalmarami... 82
Smażone kalmary.. 84

Kalmary Z Suszonymi Grzybami *84*
Kalmary Z Warzywami *85*
Wołowina duszona z anyżem *86*
Cielęcina ze szparagami *87*
Wołowina z Pędami Bambusa *88*
Wołowina z pędami bambusa i grzybami *89*
Chińska pieczona wołowina *90*
Cielęcina z kiełkami fasoli *91*
Wołowina z brokułami *92*
Wołowina Sezamowa Z Brokułami *93*
Piec na ruszcie *95*
Mięso kantońskie *96*
Mięso z marchewką *97*
Mięso Z Orzechami Nerkowca *98*
Zapiekanka z wołowiną wolnowarowalna *99*
Cielęcina Z Kalafiorem *100*
Wołowina Z Selerem *101*
Plasterki smażonego mięsa z selerem *102*
Rozdrobnione mięso z kurczakiem i selerem *103*
Mięso w Chile *104*
Wołowina Z Kapustą Chińską *106*
Kotlet wołowy *107*
mięso ogórkowe *109*
Chow mein z wołowiną *110*
stek z ogórka *112*
Curry z pieczonej wołowiny *112*
Prosty smażony kurczak *114*
Kurczak W Sosie Pomidorowym *116*
Kurczak z pomidorem *116*
Gotowany kurczak z pomidorem *117*
Kurczak i pomidory z sosem z czarnej fasoli *118*
Szybko ugotowany kurczak z warzywami *119*
kurczak z orzechami włoskimi *120*
Kurczak z orzechami włoskimi *121*
Kurczak z kasztanowca wodnego *122*
Solony kurczak z kasztanami wodnymi *123*

ravioli z kurczakiem 125
chrupiące skrzydełka z kurczaka 126
Skrzydełka z kurczaka z pięcioma przyprawami 127
Marynowane skrzydełka z kurczaka 128
Prawdziwe skrzydełka z kurczaka 130
Pikantne Skrzydełka Z Kurczaka 132
Grillowane udka z kurczaka 133
Udka Z Kurczaka Hoisin 134
Pieczony kurczak 134
Chrupiący smażony kurczak 135
Cały Smażony Kurczak 138
kurczak w pięciu smakach 139
Kurczak z imbirem i szczypiorkiem 141
gotowany kurczak 142
Czerwony Gotowany Kurczak 143
Przyprawiony kurczak gotowany na czerwono 144
Grillowany Kurczak Z Sezamem 145
Kurczak w sosie sojowym 146
kurczak na parze 147
Kurczak Na Parze Z Koperkiem 148
dziwnie smakujący kurczak 149
chrupiące kawałki kurczaka 150
Kurczak Z Fasolką Zieloną 151
Pieczony Kurczak Z Ananasem 152
Kurczak Z Papryką I Pomidorami 153
Sezamowy Kurczak 154
smażone pisklęta 155
Türkiye z mangetoutem 155
Indyk z Papryką 157
chiński pieczony indyk 159
Indyk z Orzechami Włoskimi i Pieczarkami 160
kaczka z pędem bambusa 162
Kaczka z kiełkami fasoli 162
duszona kaczka 163
Kaczka na parze z selerem 164
kaczka imbirowa 165

Kaczka Z Fasolką szparagową 167
kaczka smażona na parze 169
Kaczka Z Egzotycznymi Owocami 170
Pieczona Kaczka Z Chińskimi Liśćmi 172
pijana kaczka 173
kaczka w pięciu smakach 174
Kaczka smażona z imbirem 175
Kaczka Z Szynką I Porem 176
pieczona kaczka z miodem 177
mokra pieczona kaczka 178
Kaczka smażona z grzybami 179
kaczka z dwoma grzybami 181
Kaczka duszona z cebulą 182
kaczka z pomarańczą 184
Pieczona Kaczka Z Pomarańczą 185
Kaczka Z Gruszkami I Kasztanami 186
dziobiąca kaczka 187
Gulasz z Kaczki Z Ananasem 190
Kaczka smażona z ananasem 191
Kaczka Ananasowa Imbirowa 192
Kaczka z Ananasem i Liczi 193
Kaczka Z Wieprzowiną I Kasztanami 194
Kaczka Z Ziemniakami 194
Czerwona Gotowana Kaczka 196
Pieczona kaczka z winem ryżowym 197
Kaczka na parze w winie ryżowym 198
słona kaczka 199
Pikantna kaczka z fasolką szparagową 200
duszona kaczka 202
Smażona kaczka 204
kaczka ze słodkimi ziemniakami 205
słodko-kwaśna kaczka 207
kaczka mandarynka 209
Kaczka Z Warzywami 209
Smażona Kaczka Z Warzywami 211

Krewetki z sosem liczi

dla 4 osób

*50 g / 2 uncje / ¬Ω pojedyncza filiżanka (uniwersalna)
mąka*

2,5 ml/¬Ω c. sól

1 lekko ubite jajko

30ml / 2 łyżki wody

450 g/1 funt obranych krewetek

olej do smażenia

30ml / 2 łyżki oleju arachidowego

2 plasterki posiekanego korzenia imbiru

30ml / 2 łyżki octu winnego

5ml/1 łyżeczka cukru

2,5 ml/¬Ω c. sól

15ml/1 łyżka sosu sojowego

200 g liczi z puszki, odsączonych

Wymieszaj mąkę, sól, jajko i wodę, aż powstanie pasta, w razie potrzeby dodając trochę więcej wody. Mieszaj z krewetkami, aż będą dobrze pokryte. Rozgrzej olej i smaż krewetki przez kilka minut, aż będą chrupiące i złociste. Odsączyć na papierowym ręczniku i położyć na ciepłym talerzu. W międzyczasie rozgrzej oliwę z oliwek i smaż imbir przez 1 minutę. Dodać ocet winny, cukier, sól i sos sojowy. Dodaj liczi i mieszaj, aż będą gorące i pokryte sosem. Polej krewetkami i natychmiast podawaj.

Krewetki smażone z mandarynką

dla 4 osób

60ml / 4 łyżki oleju arachidowego
1 zmiażdżony ząbek czosnku
1 plasterek posiekanego korzenia imbiru
450 g/1 funt obranych krewetek
30 ml/2 łyżki wina ryżowego lub wytrawnego sherry 30 ml/2 łyżki sosu sojowego
15 ml / 1 łyżka mąki kukurydzianej (skrobi kukurydzianej)
45ml / 3 łyżki wody

Rozgrzej oliwę z oliwek i podsmaż czosnek i imbir, aż lekko się zarumienią. Dodaj krewetki i smaż przez 1 minutę. Dodaj wino lub sherry i dobrze wymieszaj. Dodaj sos sojowy, skrobię kukurydzianą i wodę i smaż przez 2 minuty.

Krewetki Mange-tout

dla 4 osób

5 suszonych grzybów chińskich

225 g kiełków fasoli

60ml / 4 łyżki oleju arachidowego

5ml/1 łyżeczka soli

2 posiekane łodygi selera

4 zielone cebule (szczypiorek), posiekane

2 zmiażdżone ząbki czosnku

2 plasterki posiekanego korzenia imbiru

60ml / 4 łyżki wody

15ml/1 łyżka sosu sojowego

15 ml/1 łyżka wina ryżowego lub wytrawnego sherry

225 g groszku

225 g obranych krewetek

15 ml / 1 łyżka mąki kukurydzianej (skrobi kukurydzianej)

Grzyby namoczyć w ciepłej wodzie przez 30 minut, a następnie odcedzić. Odrzuć łodygi i odetnij końcówki. Kiełki fasoli blanszować we wrzącej wodzie przez 5 minut i dobrze odcedzić. Rozgrzej połowę oliwy z oliwek i podsmaż sól, seler, szczypiorek i kiełki fasoli przez 1 minutę, a następnie zdejmij z patelni. Rozgrzej pozostałą oliwę z oliwek i podsmaż czosnek i imbir, aż lekko się zarumienią. Dodać połowę wody, sos sojowy, wino lub sherry, groszek i krewetki, doprowadzić do wrzenia i gotować przez 3 minuty. Mąkę kukurydzianą wymieszać z resztą wody na pastę, wlać na patelnię i smażyć, mieszając, aż sos zgęstnieje. Włóż warzywa z powrotem na patelnię i smaż, aż się zarumienią. Natychmiast podawaj.

Krewetki Z Pieczarkami Chińskimi

dla 4 osób
*8 suszonych grzybów chińskich
45 ml / 3 łyżki oleju arachidowego (orzechowego).
3 plasterki posiekanego korzenia imbiru
450 g/1 funt obranych krewetek
15ml/1 łyżka sosu sojowego
5ml/1 łyżeczka soli
60 ml / 4 łyżki bulionu rybnego*

Grzyby namoczyć w ciepłej wodzie przez 30 minut, a następnie odcedzić. Odrzuć łodygi i odetnij końcówki. Rozgrzej połowę oliwy z oliwek i podsmaż imbir, aż się lekko zrumieni. Dodaj krewetki, sos sojowy i sól, smaż, aż pokryją się olejem, a następnie zdejmij z patelni. Rozgrzej pozostałą oliwę z oliwek i smaż grzyby, aż pokryją się oliwą. Dodajemy bulion, doprowadzamy do wrzenia, przykrywamy i gotujemy 3 minuty. Krewetki włóż z powrotem na patelnię i mieszaj, aż się rozgrzeją.

Smażone krewetki i groszek

dla 4 osób

450 g/1 funt obranych krewetek

5ml/1 łyżeczka oleju sezamowego

5ml/1 łyżeczka soli

30ml / 2 łyżki oleju arachidowego

1 zmiażdżony ząbek czosnku

1 plasterek posiekanego korzenia imbiru

225 g blanszowanego lub mrożonego groszku, rozmrożonego

4 zielone cebule (szczypiorek), posiekane

30ml / 2 łyżki wody

sól i pieprz

Wymieszaj krewetki z olejem sezamowym i solą. Rozgrzej oliwę z oliwek i smaż czosnek i imbir przez 1 minutę. Dodaj krewetki i smaż przez 2 minuty. Dodać groszek i smażyć przez 1 minutę.

Dodaj szalotkę i wodę, dopraw solą i pieprzem oraz, jeśli to konieczne, niewielką ilością oleju sezamowego. Przed podaniem podgrzać, dokładnie mieszając.

Krewetki z chutneyem z mango

dla 4 osób

12 krewetek
sól i pieprz
1 sok z cytryny
30ml / 2 łyżki mąki kukurydzianej (skrobi kukurydzianej)
1 uchwyt
5ml/1 łyżeczka musztardy w proszku
5ml/1 łyżeczka miodu
30ml / 2 łyżki śmietanki kokosowej
30 ml/2 łyżki łagodnego curry w proszku
120 ml/4 uncji/¬Ω szklanki bulionu z kurczaka
45 ml / 3 łyżki oleju arachidowego (orzechowego).
2 ząbki czosnku, posiekane
2 zielone cebule (szczypiorek), posiekane
1 posiekana bulwa kopru włoskiego
100 g chutneyu z mango

Obierz krewetki, pozostawiając ogony nienaruszone. Posyp solą, pieprzem i sokiem z cytryny i przykryj połową mąki kukurydzianej. Obierz mango, odetnij miąższ od kości, a następnie pokrój miąższ w kostkę. Połącz musztardę, miód, śmietankę kokosową, curry, pozostałą skrobię kukurydzianą i bulion. Rozgrzej połowę oliwy z oliwek i smaż czosnek, szczypiorek i koper włoski przez 2 minuty. Dodać mieszaninę bulionową, doprowadzić do wrzenia i gotować przez 1 minutę. Dodaj kostki mango i ostry sos, delikatnie podgrzej, a następnie przenieś na ciepły talerz. Rozgrzać pozostały olej i smażyć krewetki przez 2 minuty. Ułóż je na warzywach i podawaj jednocześnie.

Pekin Kamerun

dla 4 osób

30ml / 2 łyżki oleju arachidowego
2 zmiażdżone ząbki czosnku
1 plasterek korzenia imbiru, drobno posiekany
225 g obranych krewetek
4 szalotki (zielona cebula), pokrojone w grube plasterki
120 ml/4 uncji/¬Ω szklanki bulionu z kurczaka
5 ml / 1 łyżeczka brązowego cukru
5ml/1 łyżeczka sosu sojowego
5ml/1 łyżeczka sosu hoisin
5ml / 1 łyżeczka sosu Tabasco

Rozgrzej oliwę z czosnkiem i imbirem i smaż, aż czosnek się lekko zrumieni. Dodaj krewetki i smaż przez 1 minutę. Dodaj szczypiorek i smaż przez 1 minutę. Dodać pozostałe składniki, doprowadzić do wrzenia, przykryć i gotować przez 4 minuty, od czasu do czasu mieszając. Sprawdź przyprawę i jeśli wolisz, dodaj odrobinę sosu Tabasco.

Krewetki Królewskie Z Papryką

dla 4 osób

30ml / 2 łyżki oleju arachidowego
1 zielona papryka pokrojona na kawałki
450 g/1 funt obranych krewetek
10ml / 2 łyżeczki mąki kukurydzianej (skrobi kukurydzianej)
60ml / 4 łyżki wody
5ml/1 łyżeczka wina ryżowego lub wytrawnego sherry
2,5 ml/¬Ω c. sól
45 ml / 2 łyżki przecieru pomidorowego (pasty)

Rozgrzewamy oliwę i smażymy paprykę przez 2 minuty. Dodać krewetki i przecier pomidorowy i dobrze wymieszać. Wymieszaj wodę z mąki kukurydzianej, wino lub sherry i sól, aż powstanie pasta, wlej na patelnię i gotuj, mieszając, aż sos się rozrzedzi i zgęstnieje.

Krewetki smażone z wieprzowiną

dla 4 osób

225 g obranych krewetek

100 g chudej wieprzowiny, rozdrobnionej
60ml/4 łyżki wina ryżowego lub wytrawnego sherry
1 białko jaja
45ml / 3 łyżki mąki kukurydzianej (skrobi kukurydzianej)
5ml/1 łyżeczka soli
15ml / 1 łyżka wody (opcjonalnie)
90ml / 6 łyżek oleju arachidowego
45 ml / 3 łyżki bulionu rybnego
5ml/1 łyżeczka oleju sezamowego

Połóż krewetki i wieprzowinę na osobnych talerzach. Zmieszaj 45 ml/3 łyżki wina lub sherry, białko jaja, 30 ml/2 łyżki mąki kukurydzianej i sól na gładką pastę, dodając wodę w razie potrzeby. Podzielić mieszaninę pomiędzy wieprzowinę i krewetki i dobrze wymieszać, aby nią się pokryło. Rozgrzej olej i smaż wieprzowinę i krewetki przez kilka minut, aż uzyskają złoty kolor. Zdjąć z patelni i wlać całość oprócz 15 ml/1 łyżkę oleju. Na patelnię wlać bulion z pozostałym winem lub sherry i mąką kukurydzianą. Doprowadzić do wrzenia i gotować, mieszając, aż sos zgęstnieje. Polej krewetkami i wieprzowiną i podawaj skropione olejem sezamowym.

Smażone krewetki jumbo z sosem sherry

dla 4 osób

50 g / 2 uncje / ¬Ω szklanki mąki zwykłej (uniwersalnej)

2,5 ml/¬Ω c. sól

1 lekko ubite jajko

30ml / 2 łyżki wody

450 g/1 funt obranych krewetek

olej do smażenia

15ml/1 łyżka oleju arachidowego

1 drobno posiekana cebula

45ml/3 łyżki wina ryżowego lub wytrawnego sherry

15ml/1 łyżka sosu sojowego

120 ml/4 uncji/szklanka bulionu rybnego

10ml / 2 łyżeczki mąki kukurydzianej (skrobi kukurydzianej)

30ml / 2 łyżki wody

Wymieszaj mąkę, sól, jajko i wodę, aż powstanie pasta, w razie potrzeby dodając trochę więcej wody. Mieszaj z krewetkami, aż będą dobrze pokryte. Rozgrzej olej i smaż krewetki przez kilka minut, aż będą chrupiące i złociste. Odsączyć na papierowym ręczniku i położyć na ciepłym talerzu. W międzyczasie rozgrzej oliwę i podsmaż cebulę, aż będzie miękka. Dodać wino lub sherry, sos sojowy i bulion, doprowadzić do wrzenia i gotować przez 4 minuty. Połącz mąkę kukurydzianą z wodą, aż powstanie pasta, wlej ją na patelnię i gotuj, mieszając, aż sos się rozrzedzi i zgęstnieje. Sosem polej krewetki i podawaj.

Krewetki smażone z sezamem

dla 4 osób

450 g/1 funt obranych krewetek
¬Ω białko jaja
5ml/1 łyżeczka sosu sojowego
5ml/1 łyżeczka oleju sezamowego
50 g / 2 uncje / ¬Ω szklanki mąki kukurydzianej (skrobi kukurydzianej)
sól i świeżo zmielony biały pieprz
olej do smażenia
60ml / 4 łyżki nasion sezamu
liście sałaty

Krewetki wymieszaj z białkiem, sosem sojowym, olejem sezamowym, skrobią kukurydzianą, solą i pieprzem. Jeśli mieszanina jest zbyt gęsta, dodaj trochę wody. Rozgrzej olej i smaż krewetki przez kilka minut, aż lekko się zarumienią. W międzyczasie szybko upraż nasiona sezamu na suchej patelni, aż uzyskają złocisty kolor. Odcedzić krewetki i wymieszać z nasionami sezamu. Podawać na sałacie.

Krewetki smażone w skorupce

dla 4 osób

60ml / 4 łyżki oleju arachidowego
750 g krewetek w łuskanych skorupach
3 zielone cebule (szczypiorek), posiekane
3 plasterki posiekanego korzenia imbiru
2,5 ml/¬Ω c. sól
15 ml/1 łyżka wina ryżowego lub wytrawnego sherry
120 ml/4 uncji/¬Ω szklanki sosu pomidorowego (ketchupu)
15ml/1 łyżka sosu sojowego
15ml/1 łyżka cukru
15 ml / 1 łyżka mąki kukurydzianej (skrobi kukurydzianej)
60ml / 4 łyżki wody

Rozgrzej oliwę z oliwek i smaż krewetki przez 1 minutę, jeśli są ugotowane, lub do momentu, aż zmienią kolor na różowy, jeśli są surowe. Dodaj szalotkę, imbir, sól i wino lub sherry i gotuj przez

1 minutę. Dodaj sos pomidorowy, sos sojowy i cukier i smaż przez 1 minutę. Połączyć mąkę kukurydzianą z wodą, wymieszać na patelni i smażyć, mieszając, aż sos się rozrzedzi i zgęstnieje.

Smażone krewetki

dla 4 osób

75 g / 3 uncje / ¬ta filiżanka mąki kukurydzianej (skrobi kukurydzianej)

1 białko jaja

5ml/1 łyżeczka wina ryżowego lub wytrawnego sherry

sól

350 g obranych krewetek

olej do smażenia

Wymieszaj mąkę kukurydzianą, białko jaja, wino lub sherry i szczyptę soli, aby uzyskać gęstą pastę. Zanurzaj krewetki w cieście, aż będą dobrze pokryte. Rozgrzej olej, aż będzie bardzo gorący i smaż krewetki przez kilka minut, aż będą złociste. Zdejmij z oleju, podgrzej, aż krewetki będą gorące i smaż krewetki, aż będą chrupiące i złociste.

Krewetka w Tempurze

dla 4 osób

450 g/1 funt obranych krewetek
30 ml/2 łyżki mąki pszennej (uniwersalnej)
30ml / 2 łyżki mąki kukurydzianej (skrobi kukurydzianej)
30ml / 2 łyżki wody
2 ubite jajka
olej do smażenia

Krewetki przekrój na środku wewnętrznego zaokrąglenia i rozłóż je, tworząc motyla. Wymieszaj mąkę, skrobię kukurydzianą i wodę, aż powstanie pasta, a następnie dodaj jajka. Rozgrzej olej i smaż krewetki na złoty kolor.

Guma balonowa

dla 4 osób

30ml / 2 łyżki oleju arachidowego
2 zielone cebule (szczypiorek), posiekane
1 zmiażdżony ząbek czosnku
1 plasterek posiekanego korzenia imbiru

100 g piersi z kurczaka pokrojonej w paski
100 g szynki pokrojonej w paski
100 g pędów bambusa pokrojonych w paski
100 g kasztanów wodnych, pokrojonych w paski
225 g obranych krewetek
30ml / 2 łyżki sosu sojowego
30ml/2 łyżki wina ryżowego lub wytrawnego sherry
5ml/1 łyżeczka soli
5ml/1 łyżeczka cukru
5ml / 1 łyżeczka mąki kukurydzianej (skrobi kukurydzianej)

Rozgrzej oliwę z oliwek i podsmaż szczypiorek, czosnek i imbir, aż się lekko zrumienią. Dodaj kurczaka i smaż przez 1 minutę. Dodaj szynkę, pędy bambusa i kasztany wodne i smaż przez 3 minuty. Dodaj krewetki i smaż przez 1 minutę. Dodaj sos sojowy, wino lub sherry, sól i cukier i gotuj przez 2 minuty. Kaszę kukurydzianą wymieszać z odrobiną wody, wlać na patelnię i podgrzewać na małym ogniu, mieszając przez 2 minuty.

Krewetki Z Tofu

dla 4 osób

45 ml / 3 łyżki oleju arachidowego (orzechowego).
8 uncji/225 g pokrojonego w kostkę tofu
1 posiekany szczypiorek (zielona cebula).
1 zmiażdżony ząbek czosnku
15ml/1 łyżka sosu sojowego
5ml/1 łyżeczka cukru
90 ml / 6 łyżek bulionu rybnego
225 g obranych krewetek
15 ml / 1 łyżka mąki kukurydzianej (skrobi kukurydzianej)
45ml / 3 łyżki wody

Rozgrzej połowę oleju i podsmaż tofu, aż się lekko zrumieni, a następnie zdejmij z patelni. Rozgrzej pozostałą oliwę z oliwek i podsmaż szczypiorek i czosnek, aż się lekko zrumienią. Dodać sos sojowy, cukier i bulion i doprowadzić do wrzenia. Dodaj krewetki i mieszaj na małym ogniu przez 3 minuty. Mąkę kukurydzianą i wodę wymieszać na pastę, przełożyć na patelnię i smażyć, mieszając, aż sos zgęstnieje. Włóż tofu z powrotem na patelnię i smaż, aż się rozgrzeje.

Krewetki Z Pomidorem

dla 4 osób

2 białka jaj
30ml / 2 łyżki mąki kukurydzianej (skrobi kukurydzianej)
5ml/1 łyżeczka soli
450 g/1 funt obranych krewetek
olej do smażenia
30ml/2 łyżki wina ryżowego lub wytrawnego sherry
225 g pomidorów, obranych, pozbawionych nasion i posiekanych

Połącz białka, skrobię kukurydzianą i sól. Dodaj krewetki, aż będą dobrze pokryte. Rozgrzej olej i smaż krewetki, aż będą ugotowane. Wlać całość oprócz 15 ml/1 łyżkę oleju i podgrzać. Dodaj wino lub sherry i pomidory i zagotuj. Dodaj krewetki i szybko podgrzej przed podaniem.

Krewetki W Sosie Pomidorowym

dla 4 osób

30ml / 2 łyżki oleju arachidowego
1 zmiażdżony ząbek czosnku
2 plasterki posiekanego korzenia imbiru

2,5 ml/¬Ω c. sól

15 ml/1 łyżka wina ryżowego lub wytrawnego sherry

15ml/1 łyżka sosu sojowego

6 ml / 4 łyżki sosu pomidorowego (ketchupu)

120 ml/4 uncji/szklanka bulionu rybnego

350 g obranych krewetek

10ml / 2 łyżeczki mąki kukurydzianej (skrobi kukurydzianej)

30ml / 2 łyżki wody

Rozgrzej oliwę z oliwek i smaż czosnek, imbir i sól przez 2 minuty. Dodać wino lub sherry, sos sojowy, sos pomidorowy i bulion i doprowadzić do wrzenia. Dodaj krewetki, przykryj i gotuj przez 2 minuty. Połącz mąkę kukurydzianą z wodą, aż powstanie pasta, wlej ją na patelnię i gotuj, mieszając, aż sos się rozrzedzi i zgęstnieje.

Krewetki W Sosie Pomidorowo-Paprzowym

dla 4 osób

60ml / 4 łyżki oleju arachidowego

15ml / 1 łyżka posiekanego imbiru

15ml / 1 łyżka mielonego czosnku

15 ml / 1 łyżka posiekanego szczypiorku
60ml / 4 łyżki przecieru pomidorowego (pasty)
15ml/1 łyżka sosu chilli
450 g/1 funt obranych krewetek
15 ml / 1 łyżka mąki kukurydzianej (skrobi kukurydzianej)
15ml / 1 łyżka wody

Rozgrzej oliwę z oliwek i smaż imbir, czosnek i szczypiorek przez 1 minutę. Dodać przecier pomidorowy i sos pieprzowy i dobrze wymieszać. Dodaj krewetki i smaż przez 2 minuty. Wymieszaj mąkę kukurydzianą z wodą, aż powstanie pasta, wlej ją na patelnię i gotuj, aż sos zgęstnieje. Natychmiast podawaj.

Krewetki smażone w sosie pomidorowym

dla 4 osób

50 g / 2 uncje / ¬Ω szklanki mąki zwykłej (uniwersalnej)
2,5 ml/¬Ω c. sól
1 lekko ubite jajko
30ml / 2 łyżki wody

450 g/1 funt obranych krewetek
olej do smażenia
30ml / 2 łyżki oleju arachidowego
1 drobno posiekana cebula
2 plasterki posiekanego korzenia imbiru
75 ml / 5 łyżek sosu pomidorowego (ketchupu)
10ml / 2 łyżeczki mąki kukurydzianej (skrobi kukurydzianej)
30ml / 2 łyżki wody

Wymieszaj mąkę, sól, jajko i wodę, aż powstanie pasta, w razie potrzeby dodając trochę więcej wody. Mieszaj z krewetkami, aż będą dobrze pokryte. Rozgrzej olej i smaż krewetki przez kilka minut, aż będą chrupiące i złociste. Odsączyć na papierowym ręczniku.

W międzyczasie rozgrzej oliwę i podsmaż cebulę i imbir, aż będą miękkie. Dodaj sos pomidorowy i gotuj przez 3 minuty. Mąkę kukurydzianą i wodę wymieszać na pastę, przełożyć na patelnię i smażyć, mieszając, aż sos zgęstnieje. Dodaj krewetki na patelnię i smaż, aż się rozgrzeją. Natychmiast podawaj.

Krewetki Z Warzywami

dla 4 osób

15ml/1 łyżka oleju arachidowego

225 g różyczek brokułów

225 g grzybów

225 g pędów bambusa, pokrojonych w plasterki

450 g/1 funt obranych krewetek

120 ml/4 uncji/¬Ω szklanki bulionu z kurczaka

5ml / 1 łyżeczka mąki kukurydzianej (skrobi kukurydzianej)

5ml/1 łyżeczka sosu ostrygowego

2,5 ml/¬Ω łyżeczki cukru

2,5 ml/¬Ω c. starty korzeń imbiru

szczypta świeżo zmielonego pieprzu

Rozgrzej oliwę z oliwek i smaż brokuły przez 1 minutę. Dodaj grzyby i pędy bambusa i smaż przez 2 minuty. Dodaj krewetki i smaż przez 2 minuty. Połączyć pozostałe składniki i wymieszać z mieszanką krewetek. Doprowadzić do wrzenia, mieszając i gotować przez 1 minutę, ciągle mieszając.

Krewetki z kasztanami wodnymi

dla 4 osób

60ml / 4 łyżki oleju arachidowego
1 ząbek posiekanego czosnku
1 plasterek posiekanego korzenia imbiru
450 g/1 funt obranych krewetek
2 łyżki/30ml wina ryżowego lub wytrawnego sherry 8 uncji/225g pokrojonych kasztanów wodnych
30ml / 2 łyżki sosu sojowego
15 ml / 1 łyżka mąki kukurydzianej (skrobi kukurydzianej)
45ml / 3 łyżki wody

Rozgrzej oliwę z oliwek i podsmaż czosnek i imbir, aż lekko się zarumienią. Dodaj krewetki i smaż przez 1 minutę. Dodaj wino lub sherry i dobrze wymieszaj. Dodaj kasztany wodne i smaż przez 5 minut. Dodać resztę składników i smażyć 2 minuty.

ravioli z krewetkami

dla 4 osób

450 g/1 funt obranych krewetek, posiekanych

225 g posiekanych, mieszanych warzyw

15ml/1 łyżka sosu sojowego

2,5 ml/¬Ω c. sól

kilka kropli oleju sezamowego

40 skórek wontonów

olej do smażenia

Połącz krewetki, warzywa, sos sojowy, sól i olej sezamowy.

Aby złożyć wontony, przytrzymaj skórkę w lewej dłoni i umieść trochę nadzienia na środku. Brzegi zwilżamy jajkiem i składamy skorupkę w trójkąt, sklejając brzegi. Zwilż rogi jajkiem i przekręć.

Rozgrzej olej i smaż wontony stopniowo, aż uzyskają złoty kolor. Dobrze odcedzić przed podaniem.

Abalone Z Kurczakiem

dla 4 osób

Uchowce konserwowe o masie 400 g/14 uncji

30ml / 2 łyżki oleju arachidowego

100 g piersi z kurczaka pokrojonej w kostkę

100 g pędów bambusa, pokrojonych w plasterki

250 ml/8 uncji uncji/1 szklanka bulionu rybnego

15 ml/1 łyżka wina ryżowego lub wytrawnego sherry

5ml/1 łyżeczka cukru

2,5 ml/¬Ω c. sól

15 ml / 1 łyżka mąki kukurydzianej (skrobi kukurydzianej)

45ml / 3 łyżki wody

Odcedzić i posiekać uchowca, zachowując sok. Rozgrzej oliwę z oliwek i smaż kurczaka, aż będzie przezroczysty. Dodaj uchowca i pędy bambusa i smaż przez 1 minutę. Dodać płyn z uchowca, bulion, wino lub sherry, cukier i sól, doprowadzić do wrzenia i gotować przez 2 minuty. Wymieszaj mąkę kukurydzianą z wodą, aż powstanie pasta i gotuj, mieszając, aż sos się rozrzedzi i zgęstnieje. Natychmiast podawaj.

Abalone ze szparagami

dla 4 osób

10 suszonych grzybów chińskich
30ml / 2 łyżki oleju arachidowego
15ml / 1 łyżka wody
225 g szparagów
2,5 ml/½ c. sos rybny
15 ml / 1 łyżka mąki kukurydzianej (skrobi kukurydzianej)
225 g uchowca w puszce, pokrojonego w plasterki
60ml / 4 łyżki bulionu
½ mała marchewka, pokrojona w plasterki
5ml/1 łyżeczka sosu sojowego
5ml/1 łyżeczka sosu ostrygowego
5ml/1 łyżeczka wina ryżowego lub wytrawnego sherry

Grzyby namoczyć w ciepłej wodzie przez 30 minut, a następnie odcedzić. Odrzuć łodygi. 15ml/1 łyżkę oleju rozgrzej wodą i smaż grzyby przez 10 minut. W międzyczasie ugotuj szparagi we wrzącej wodzie z sosem rybnym i 1 łyżeczką/5 ml mąki kukurydzianej, aż będą miękkie. Dobrze odcedź i połóż na ciepłym talerzu razem z grzybami. Utrzymuj je w cieple. Rozgrzej pozostały olej i smaż uchowca przez kilka sekund, następnie dodaj bulion, marchewkę, sos sojowy, sos ostrygowy, wino lub sherry i pozostałą skrobię kukurydzianą. Gotuj przez około 5 minut, aż się ugotuje, posyp szparagami i podawaj.

Abalone Z Grzybami

dla 4 osób

6 suszonych grzybów chińskich
Uchowce konserwowe o masie 400 g/14 uncji
45 ml / 3 łyżki oleju arachidowego (orzechowego).
2,5 ml/¬Ω c. sól
15 ml/1 łyżka wina ryżowego lub wytrawnego sherry
3 szalotki (zielona cebula), pokrojone w grube plasterki

Grzyby namoczyć w ciepłej wodzie przez 30 minut, a następnie odcedzić. Odrzuć łodygi i odetnij końcówki. Odcedzić i posiekać uchowca, zachowując sok. Rozgrzać oliwę z oliwek i smażyć sól i grzyby przez 2 minuty. Dodaj płyn z uchowca i sherry, zagotuj, przykryj i gotuj przez 3 minuty. Dodaj uchowca i szalotkę i gotuj, aż się rozgrzeje. Natychmiast podawaj.

Abalone z sosem ostrygowym

dla 4 osób

Uchowce konserwowe o masie 400 g/14 uncji
15 ml / 1 łyżka mąki kukurydzianej (skrobi kukurydzianej)
15ml/1 łyżka sosu sojowego
45ml / 3 łyżki sosu ostrygowego
30ml / 2 łyżki oleju arachidowego
50 g posiekanej wędzonej szynki

Opróżnij puszkę uchowca i zachowaj 90 ml/6 łyżek stołowych płynu. Wymieszaj z mąką kukurydzianą, sosem sojowym i sosem ostrygowym. Rozgrzej oliwę z oliwek i smaż odsączonego uchowca przez 1 minutę. Dodaj mieszaninę sosu i gotuj na małym ogniu, mieszając, przez około 1 minutę, aż się rozgrzeje. Przełożyć na ciepły talerz i podawać z szynką.

małże na parze

dla 4 osób

24 małże

Małże dokładnie wyszoruj, a następnie namocz je w osolonej wodzie na kilka godzin. Opłucz pod bieżącą wodą i umieść w płytkim naczyniu. Ułożyć na drucianej kratce w naczyniu do gotowania na parze, przykryć i gotować we wrzącej wodzie około 10 minut, aż wszystkie małże się otworzą. Wyrzuć te, które pozostają zamknięte. Podawać z sosami.

Małże z kiełkami fasoli

dla 4 osób

24 małże
15ml/1 łyżka oleju arachidowego
150 g kiełków fasoli
1 zielona papryka pokrojona w paski
2 zielone cebule (szczypiorek), posiekane
15 ml/1 łyżka wina ryżowego lub wytrawnego sherry
sól i świeżo zmielony pieprz
2,5 ml/¬Ω c. olej sezamowy

50 g posiekanej wędzonej szynki

Małże dokładnie wyszoruj, a następnie namocz je w osolonej wodzie na kilka godzin. Opłucz pod bieżącą wodą. Zagotuj wodę w rondlu, dodaj małże i gotuj przez kilka minut, aż się otworzą. Odcedź i wyrzuć te, które pozostały zamknięte. Wyjmij małże ze skorupek.

Rozgrzej olej i smaż kiełki fasoli przez 1 minutę. Dodaj paprykę i szczypiorek i smaż przez 2 minuty. Dodać wino lub sherry i doprawić solą i pieprzem. Podgrzej i dodaj małże i mieszaj, aż dobrze się wymieszają i podgrzeją. Przełożyć na gorący talerz i podawać skropione olejem sezamowym i szynką.

Małże z imbirem i czosnkiem

dla 4 osób

24 małże
15ml/1 łyżka oleju arachidowego
2 plasterki posiekanego korzenia imbiru
2 zmiażdżone ząbki czosnku
15ml / 1 łyżka wody
5ml/1 łyżeczka oleju sezamowego
sól i świeżo zmielony pieprz

Małże dokładnie wyszoruj, a następnie namocz je w osolonej wodzie na kilka godzin. Opłucz pod bieżącą wodą. Rozgrzej oliwę z oliwek i smaż imbir i czosnek przez 30 sekund. Dodaj małże, wodę i olej sezamowy, przykryj i gotuj przez około 5 minut, aż małże się otworzą. Wyrzuć te, które pozostają zamknięte. Dopraw lekko solą i pieprzem i natychmiast podawaj.

Smażone małże

dla 4 osób

24 małże

60ml / 4 łyżki oleju arachidowego
4 ząbki czosnku, posiekane
1 posiekana cebula
2,5 ml/¬Ω c. sól

Małże dokładnie wyszoruj, a następnie namocz je w osolonej wodzie na kilka godzin. Opłucz pod bieżącą wodą i osusz. Rozgrzej oliwę z oliwek i podsmaż czosnek, cebulę i sól, aż będą miękkie. Dodać małże, przykryć i gotować na małym ogniu przez około 5 minut, aż wszystkie muszle się otworzą. Wyrzuć te, które pozostają zamknięte. Smaż delikatnie przez kolejną 1 minutę, skrop oliwą z oliwek.

ciasteczka krabowe

dla 4 osób

225 g kiełków fasoli

4 łyżki/60 ml oleju arachidowego 4 uncje/100 g pędów bambusa, pokrojonych w paski

1 posiekana cebula

225 g pokruszonego mięsa kraba

4 lekko ubite jajka

15 ml / 1 łyżka mąki kukurydzianej (skrobi kukurydzianej)

30ml / 2 łyżki sosu sojowego

sól i świeżo zmielony pieprz

Kiełki fasoli blanszować we wrzącej wodzie przez 4 minuty, następnie odcedzić. Rozgrzej połowę oleju i podsmaż kiełki fasoli, pędy bambusa i cebulę, aż będą miękkie. Zdjąć z ognia i wymieszać z resztą składników oprócz oliwy z oliwek. Rozgrzej pozostały olej na czystej patelni i smaż łyżki mieszanki mięsa krabowego, tworząc babeczki. Smażymy z obu stron do lekkiego zarumienienia i podajemy całość na raz.

krem krabowy

dla 4 osób

225 g mięsa kraba

5 ubitych jajek

1 szczypiorek (szalotka), drobno posiekany
250 ml/8 uncji/1 szklanka wody
5ml/1 łyżeczka soli
5ml/1 łyżeczka oleju sezamowego

Dobrze wymieszaj wszystkie składniki. Przełożyć do miski, przykryć i włożyć do bemaru zastawionego gorącą wodą lub na grillu parowym. Gotuj na parze przez około 35 minut, aż uzyska konsystencję kremu ciasteczkowego, od czasu do czasu mieszając. Podawać z ryżem.

Mięso kraba liściastego z Chin

dla 4 osób
Tarte arkusze porcelany o gramaturze 450 g/1 funt
45ml / 3 łyżki oleju roślinnego

2 zielone cebule (szczypiorek), posiekane
225 g mięsa kraba
15ml/1 łyżka sosu sojowego
15 ml/1 łyżka wina ryżowego lub wytrawnego sherry
5ml/1 łyżeczka soli

Liście chińskie blanszować we wrzącej wodzie przez 2 minuty, dobrze odcedzić i przepłukać w zimnej wodzie. Rozgrzej oliwę z oliwek i podsmaż cebulę dymkę, aż lekko się zarumieni. Dodaj mięso kraba i smaż przez 2 minuty. Dodaj liście chińskie i smaż przez 4 minuty. Dodać sos sojowy, wino lub sherry, sól i dobrze wymieszać. Dodać bulion i mąkę kukurydzianą, doprowadzić do wrzenia i gotować, mieszając, przez 2 minuty, aż sos się rozrzedzi i zgęstnieje.

Krab Foo Yung z kiełkami fasoli

dla 4 osób

6 ubitych jajek
45ml / 3 łyżki mąki kukurydzianej (skrobi kukurydzianej)

225 g mięsa kraba
100 g kiełków fasoli
2 zielone cebule (szczypiorek), drobno posiekane
2,5 ml/¬Ω c. sól
45 ml / 3 łyżki oleju arachidowego (orzechowego).

Ubij jajka, a następnie dodaj mąkę kukurydzianą. Resztę składników oprócz oleju wymieszać. Rozgrzej olej i stopniowo wlewaj mieszaninę na patelnię, formując małe naleśniki o szerokości około 7,5 cm. Smażymy na złoty kolor od spodu, następnie odwracamy i przysmażamy z drugiej strony.

krab imbirowy

dla 4 osób
15ml/1 łyżka oleju arachidowego
2 plasterki posiekanego korzenia imbiru
4 zielone cebule (szczypiorek), posiekane

3 zmiażdżone ząbki czosnku

1 posiekana czerwona papryka

350 g pokruszonego mięsa kraba

2,5 ml/¬Ω cm3 pasty rybnej

2,5 ml/¬Ω c. olej sezamowy

15 ml/1 łyżka wina ryżowego lub wytrawnego sherry

5ml / 1 łyżeczka mąki kukurydzianej (skrobi kukurydzianej)

15ml / 1 łyżka wody

Rozgrzej oliwę z oliwek i smaż imbir, dymkę, czosnek i papryczkę chili przez 2 minuty. Dodaj mięso kraba i mieszaj, aż będzie dobrze pokryte przyprawami. Dodaj pastę rybną. Pozostałe składniki mieszamy do uzyskania pasty, następnie wrzucamy na patelnię i smażymy przez 1 minutę. Natychmiast podawaj.

Krab Lo Mein

dla 4 osób

100 g kiełków fasoli

30ml / 2 łyżki oleju arachidowego

5ml/1 łyżeczka soli

1 pokrojona cebula
100 g grzybów pokrojonych w plasterki
225 g pokruszonego mięsa kraba
100 g pędów bambusa, pokrojonych w plasterki
Pieczony makaron
30ml / 2 łyżki sosu sojowego
5ml/1 łyżeczka cukru
5ml/1 łyżeczka oleju sezamowego
sól i świeżo zmielony pieprz

Kiełki fasoli blanszować we wrzącej wodzie przez 5 minut, następnie odcedzić. Rozgrzej oliwę i podsmaż sól i cebulę, aż zwiędną. Dodajemy grzyby i smażymy do miękkości. Dodaj mięso kraba i smaż przez 2 minuty. Dodaj kiełki fasoli i pędy bambusa i smaż przez 1 minutę. Na patelnię wrzucamy odcedzony makaron i delikatnie mieszamy. Połącz sos sojowy, cukier i olej sezamowy, dopraw solą i pieprzem. Mieszaj na patelni, aż się rozgrzeje.

Smażony krab z wieprzowiną

dla 4 osób

30ml / 2 łyżki oleju arachidowego
100 g mielonej wieprzowiny (posiekanej)
350 g pokruszonego mięsa kraba
2 plasterki posiekanego korzenia imbiru
2 jajka lekko ubite
15ml/1 łyżka sosu sojowego
15 ml/1 łyżka wina ryżowego lub wytrawnego sherry
30ml / 2 łyżki wody
sól i świeżo zmielony pieprz
4 szczypiorki (zielona cebula), pokrojone w paski

Rozgrzej olej i smaż wieprzowinę, aż będzie klarowna. Dodaj mięso krabowe i imbir i smaż przez 1 minutę. Dodaj jajka. Dodać sos sojowy, wino lub sherry, wodę, sól i pieprz i gotować, ciągle mieszając, przez około 4 minuty. Podawać udekorowane szczypiorkiem.

Smażone mięso kraba

dla 4 osób

30ml / 2 łyżki oleju arachidowego
1 funt/450 g pokruszonego mięsa kraba
2 zielone cebule (szczypiorek), posiekane
2 plasterki posiekanego korzenia imbiru
30ml / 2 łyżki sosu sojowego
30ml/2 łyżki wina ryżowego lub wytrawnego sherry
2,5 ml/¬Ω c. sól
15 ml / 1 łyżka mąki kukurydzianej (skrobi kukurydzianej)
60ml / 4 łyżki wody

Rozgrzej oliwę z oliwek i smaż mięso kraba, szalotki i imbir przez 1 minutę. Dodać sos sojowy, wino lub sherry i sól, przykryć i gotować przez 3 minuty. Połącz mąkę kukurydzianą z wodą, aż powstanie pasta, wlej ją na patelnię i gotuj, mieszając, aż sos się rozrzedzi i zgęstnieje.

smażone kulki z mątwy

dla 4 osób

450 g/1 funt mątwy

50 g pokruszonego smalcu

1 białko jaja

2,5 ml/¬Ω łyżeczki cukru

2,5 ml/¬Ω c. skrobia kukurydziana (skrobia kukurydziana)

sól i świeżo zmielony pieprz

olej do smażenia

Pokrój mątwy i rozgnieć je lub zrób pastę. Wymieszaj ze smalcem, białkami, cukrem i skrobią kukurydzianą, dopraw solą i pieprzem. Wciśnij mieszaninę w małe kulki. Rozgrzej olej i smaż kulki z mątwy, jeśli to konieczne, stopniowo, aż wypłyną na wierzch oleju i staną się złociste. Dobrze odcedzić i natychmiast podawać.

Homar po kantońsku

dla 4 osób

2 homary

30ml / 2 łyżki oleju

15 ml / 1 łyżka sosu z czarnej fasoli

1 zmiażdżony ząbek czosnku

1 posiekana cebula

225 g mielonej wieprzowiny (mielonej)

45ml / 3 łyżki sosu sojowego

5ml/1 łyżeczka cukru

sól i świeżo zmielony pieprz

15 ml / 1 łyżka mąki kukurydzianej (skrobi kukurydzianej)

75ml / 5 łyżek wody

1 ubite jajko

Homary rozdrobnić, usunąć miąższ i pokroić w kostkę o boku 2,5 cm. Rozgrzej oliwę z oliwek i podsmaż sos z czarnej fasoli, czosnek i cebulę, aż się lekko zrumienią. Dodaj wieprzowinę i smaż, aż się zrumieni. Dodać sos sojowy, cukier, sól, pieprz i homara, przykryć i gotować około 10 minut. Połącz mąkę kukurydzianą z wodą, aż powstanie pasta, wlej ją na patelnię i gotuj, mieszając, aż sos się rozrzedzi i zgęstnieje. Wyłącz ogień i dodaj jajko przed podaniem.

smażony homar

dla 4 osób

450 g/1 funt mięsa homara
30ml / 2 łyżki sosu sojowego
5ml/1 łyżeczka cukru
1 ubite jajko
30 ml/3 łyżki mąki pszennej (uniwersalnej)
olej do smażenia

Mięso homara pokroić w kostkę o boku 2,5 cm/1 i wymieszać z sosem sojowym i cukrem. Odstawiamy na 15 minut, a następnie odcedzamy. Ubij jajko i mąkę, następnie dodaj homara i dobrze wymieszaj, aby dobrze się nim pokryło. Rozgrzej olej i smaż homara na złoty kolor. Przed podaniem odsącz na papierze chłonnym.

Homar na parze z szynką

dla 4 osób

4 lekko ubite jajka
60ml / 4 łyżki wody
5ml/1 łyżeczka soli
15ml/1 łyżka sosu sojowego
450 g/1 funt pokruszonego mięsa homara
15 ml / 1 łyżka siekanej szynki
15 ml / 1 łyżka posiekanej świeżej natki pietruszki

Jajka ubić z wodą, solą i sosem sojowym. Przelać do naczynia żaroodpornego i posypać mięsem homara. Miskę postaw na drucianej kratce w naczyniu do gotowania na parze, przykryj i gotuj na parze przez 20 minut, aż jajka się zetną. Podawać udekorowane szynką i natką pietruszki.

Homar Z Pieczarkami

dla 4 osób

450 g/1 funt mięsa homara
15 ml / 1 łyżka mąki kukurydzianej (skrobi kukurydzianej)
60ml / 4 łyżki wody
30ml / 2 łyżki oleju arachidowego
4 szalotki (zielona cebula), pokrojone w grube plasterki
100 g grzybów pokrojonych w plasterki
2,5 ml/¬Ω c. sól
1 zmiażdżony ząbek czosnku
30ml / 2 łyżki sosu sojowego
15 ml/1 łyżka wina ryżowego lub wytrawnego sherry

Mięso homara pokroić w kostkę o boku 2,5 cm. Wymieszaj mąkę kukurydzianą i wodę, aż utworzy się pasta i wrzuć kostki homara do mieszanki, aby ją pokryć. Rozgrzej połowę oliwy z oliwek i smaż kostki homara, aż lekko się zarumienią, a następnie zdejmij je z patelni. Rozgrzej pozostałą oliwę z oliwek i podsmaż cebulę, aż się lekko zrumieni. Dodaj grzyby i smaż przez 3 minuty. Dodaj sól, czosnek, sos sojowy i wino lub sherry i gotuj przez 2 minuty. Włóż homara z powrotem na patelnię i smaż, aż się rozgrzeje.

Ogony Homara Wieprzowego

dla 4 osób

3 suszone grzyby chińskie
4 ogony homara
60ml / 4 łyżki oleju arachidowego
100 g mielonej wieprzowiny (posiekanej)
50 g drobno posiekanych kasztanów wodnych
sól i świeżo zmielony pieprz
2 zmiażdżone ząbki czosnku
45ml / 3 łyżki sosu sojowego
30ml/2 łyżki wina ryżowego lub wytrawnego sherry
30ml/2 łyżki sosu z czarnej fasoli
10ml / 2 łyżki mąki kukurydzianej (skrobi kukurydzianej)
120 ml/4 uncji/¬Ω szklanki wody

Grzyby namoczyć w ciepłej wodzie przez 30 minut, a następnie odcedzić. Odrzuć łodygi i odetnij końcówki. Przekrój ogony homara wzdłuż na pół. Usuń mięso z ogonów homara, zachowując muszle. Rozgrzej połowę oleju i smaż wieprzowinę, aż będzie przezroczysta. Zdjąć z ognia i wymieszać z grzybami, mięsem homara, kasztanami wodnymi, solą i pieprzem. Włóż mięso z powrotem do muszli homara i połóż na blasze do pieczenia. Ułożyć na drucianej kratce w naczyniu do gotowania na parze, przykryć i gotować na parze przez około 20 minut, aż będzie ugotowane. W międzyczasie podgrzej pozostałą oliwę z oliwek i podsmaż czosnek, sos sojowy, wino lub sherry i sos z czarnej fasoli przez 2 minuty. Mąkę kukurydzianą i wodę wymieszać na pastę, wlać na patelnię i smażyć, mieszając, aż sos zgęstnieje. Ułóż homara na ciepłym talerzu, polej sosem i natychmiast podawaj.

Smażony homar

dla 4 osób

450 g/1 funt ogona homara
30ml / 2 łyżki oleju arachidowego
1 zmiażdżony ząbek czosnku
2,5 ml/¬Ω c. sól
350 g kiełków fasoli
50 g grzybów
4 szalotki (zielona cebula), pokrojone w grube plasterki
150 ml / ¬° pt / ¬Ω obfity kubek bulionu z kurczaka
15 ml / 1 łyżka mąki kukurydzianej (skrobi kukurydzianej)

Zagotuj wodę w rondlu, dodaj ogony homara i gotuj przez 1 minutę. Odcedzić, ostudzić, obrać i pokroić w grube plasterki. Rozgrzej oliwę z czosnkiem i solą i smaż, aż czosnek się lekko zrumieni. Dodaj homara i smaż przez 1 minutę. Dodaj kiełki fasoli i grzyby i smaż przez 1 minutę. Dodaj szczypiorek. Dodać większość bulionu, doprowadzić do wrzenia, przykryć i gotować 3 minuty. Połącz mąkę kukurydzianą z pozostałym bulionem, wlej na patelnię i gotuj, mieszając, aż sos się rozrzedzi i zgęstnieje.

gniazda homarów

dla 4 osób

30ml / 2 łyżki oleju arachidowego

5ml/1 łyżeczka soli

1 cebula, pokrojona w cienkie plasterki

100 g grzybów pokrojonych w plasterki

4 uncje/100 g pokrojonych pędów bambusa 8 uncji/225 g gotowanego mięsa homara

15 ml/1 łyżka wina ryżowego lub wytrawnego sherry

120 ml/4 uncji/¬Ω szklanki bulionu z kurczaka

szczypta świeżo zmielonego pieprzu

10ml / 2 łyżeczki mąki kukurydzianej (skrobi kukurydzianej)

15ml / 1 łyżka wody

4 kosze makaronu

Rozgrzej oliwę i podsmaż sól i cebulę, aż zwiędną. Dodaj grzyby i pędy bambusa i smaż przez 2 minuty. Dodać mięso homara, wino lub sherry i bulion, doprowadzić do wrzenia, przykryć i gotować przez 2 minuty. Doprawić pieprzem. Mąkę kukurydzianą i wodę wymieszać na pastę, przełożyć na patelnię i smażyć, mieszając, aż sos zgęstnieje. Ułóż gniazda makaronu na gorącym talerzu i udekoruj smażonym homarem.

Małże w sosie z czarnej fasoli

dla 4 osób

45 ml / 3 łyżki oleju arachidowego (orzechowego).

2 zmiażdżone ząbki czosnku

2 plasterki posiekanego korzenia imbiru

30ml/2 łyżki sosu z czarnej fasoli

15ml/1 łyżka sosu sojowego

1,5 kg/3 funty małży, umytych i grillowanych

2 zielone cebule (szczypiorek), posiekane

Rozgrzej oliwę z oliwek i smaż czosnek i imbir przez 30 sekund. Dodaj sos z czarnej fasoli i sos sojowy i smaż przez 10 sekund. Dodaj małże, przykryj i gotuj przez około 6 minut, aż małże się otworzą. Wyrzuć te, które pozostają zamknięte. Przełóż na gorący talerz i podawaj posypane szczypiorkiem.

Małże z imbirem

dla 4 osób

45 ml / 3 łyżki oleju arachidowego (orzechowego).
2 zmiażdżone ząbki czosnku
4 plasterki posiekanego korzenia imbiru
1,5 kg/3 funty małży, umytych i grillowanych
45ml / 3 łyżki wody
15 ml / 1 łyżka sosu ostrygowego

Rozgrzej oliwę z oliwek i smaż czosnek i imbir przez 30 sekund. Dodać małże i wodę, przykryć i gotować przez około 6 minut, aż małże się otworzą. Wyrzuć te, które pozostają zamknięte. Przełóż na gorący talerz i podawaj polane sosem ostrygowym.

gotowane małże

dla 4 osób

1,5 kg/3 funty małży, umytych i grillowanych

45ml / 3 łyżki sosu sojowego

3 szczypiorek (zielona cebula), drobno posiekany

Małże ułożyć na drucianej kratce w naczyniu do gotowania na parze, przykryć i gotować we wrzącej wodzie około 10 minut, aż wszystkie małże się otworzą. Wyrzuć te, które pozostaną zamknięte. Przełożyć na gorący talerz i podawać skropione sosem sojowym i szczypiorkiem.

smażone ostrygi

dla 4 osób

24 ostrygi w łupinach
sól i świeżo zmielony pieprz
1 ubite jajko
50 g / 2 uncje / ¬Ω szklanki mąki zwykłej (uniwersalnej)
250 ml/8 uncji/1 szklanka wody
olej do smażenia
4 zielone cebule (szczypiorek), posiekane

Ostrygi posypać solą i pieprzem. Ubij jajko z mąką i wodą, aż powstanie pasta, którą posmaruj ostrygi. Rozgrzej olej i smaż ostrygi na złoty kolor. Odsączyć na papierowym ręczniku i podawać udekorowane szczypiorkiem.

ostrygi z boczkiem

dla 4 osób

175 g boczku
24 ostrygi w łupinach
1 lekko ubite jajko
15ml / 1 łyżka wody
45 ml / 3 łyżki oleju arachidowego (orzechowego).
2 posiekane cebule
15 ml / 1 łyżka mąki kukurydzianej (skrobi kukurydzianej)
15ml/1 łyżka sosu sojowego
90ml / 6 łyżek bulionu z kurczaka

Boczek pokroić na kawałki i owinąć wokół każdej ostrygi. Ubij jajko wodą i zanurz je w ostrygach, aby je pokryły. Rozgrzewamy połowę oleju i smażymy ostrygi z obu stron do lekkiego zarumienienia, następnie zdejmujemy z patelni i odsączamy z tłuszczu. Rozgrzej pozostałą oliwę i podsmaż cebulę, aż będzie miękka. Kaszę kukurydzianą, sos sojowy i bulion wymieszać na pastę, wlać na patelnię i smażyć, mieszając, aż sos się rozrzedzi i zgęstnieje. Polej ostrygi i natychmiast podawaj.

Smażone Ostrygi Z Imbirem

dla 4 osób

24 ostrygi w łupinach

2 plasterki posiekanego korzenia imbiru

30ml / 2 łyżki sosu sojowego

15 ml/1 łyżka wina ryżowego lub wytrawnego sherry

4 szczypiorki (zielona cebula), pokrojone w paski

100g boczku

1 jajko

50 g / 2 uncje / ¬Ω szklanki mąki zwykłej (uniwersalnej)

sól i świeżo zmielony pieprz

olej do smażenia

1 cytryna pokrojona w plasterki

Ostrygi włóż do miski z imbirem, sosem sojowym i winem lub sherry i dobrze wymieszaj. Pozwól mu odpocząć przez 30 minut. Na każdą ostrygę połóż kilka plasterków szczypiorku. Boczek pokroić na kawałki i owinąć wokół każdej ostrygi. Jajko i mąkę ubić na puszystą masę, doprawić solą i pieprzem. Zanurzaj ostrygi w cieście, aż będą dobrze pokryte. Rozgrzej olej i smaż ostrygi na złoty kolor. Podawać udekorowane plasterkami cytryny.

Ostrygi z sosem z czarnej fasoli

dla 4 osób

350 g ostryg wyłuskanych
120 ml/4 uncji/¬Ω szklanki oleju arachidowego
2 zmiażdżone ząbki czosnku
3 szalotki (zielona cebula), pokrojone w plasterki
15 ml / 1 łyżka sosu z czarnej fasoli
30ml/2 łyżki ciemnego sosu sojowego
15ml/1 łyżka oleju sezamowego
szczypta chili w proszku

Blanszuj ostrygi we wrzącej wodzie przez 30 sekund, a następnie odcedź. Rozgrzej oliwę z oliwek i smaż czosnek i szczypiorek przez 30 sekund. Dodaj sos z czarnej fasoli, sos sojowy, olej sezamowy i ostrygowy i dopraw do smaku chili w proszku. Smażyć, aż będzie gorące i natychmiast podawać.

Przegrzebki z pędami bambusa

dla 4 osób

60ml / 4 łyżki oleju arachidowego
6 szczypiorków (zielona cebula), posiekanych
225 g grzybów pokrojonych w ćwiartki
15ml/1 łyżka cukru
450 g/1 funt łuskanych przegrzebków
2 plasterki posiekanego korzenia imbiru
225 g pędów bambusa, pokrojonych w plasterki
sól i świeżo zmielony pieprz
300 ml / ¬Ω pt. / 1 ¬° szklanki wody
30ml / 2 łyżki octu winnego
30ml / 2 łyżki mąki kukurydzianej (skrobi kukurydzianej)
150 ml / ¬° pt. / hojna ¬Ω szklanka wody
45ml / 3 łyżki sosu sojowego

Rozgrzej oliwę z oliwek i smaż cebulę i grzyby przez 2 minuty. Dodać cukier, przegrzebki, imbir, pędy bambusa, sól i pieprz, przykryć i gotować przez 5 minut. Dodać wodę i ocet winny, zagotować, przykryć i gotować 5 minut. Mąkę kukurydzianą i wodę wymieszać na pastę, przełożyć na patelnię i smażyć, mieszając, aż sos zgęstnieje. Dopraw sosem sojowym i podawaj.

Przegrzebki Z Jajkiem

dla 4 osób

45 ml / 3 łyżki oleju arachidowego (orzechowego).

350 g przegrzebków łuskanych

25 g/1 uncja posiekanej wędzonej szynki

30ml/2 łyżki wina ryżowego lub wytrawnego sherry

5ml/1 łyżeczka cukru

2,5 ml/¬Ω c. sól

szczypta świeżo zmielonego pieprzu

2 jajka lekko ubite

15ml/1 łyżka sosu sojowego

Rozgrzej oliwę z oliwek i smaż przegrzebki przez 30 sekund. Dodaj szynkę i smaż przez 1 minutę. Dodaj wino lub sherry, cukier, sól i pieprz i gotuj przez 1 minutę. Dodaj jajka i delikatnie mieszaj na dużym ogniu, aż składniki dobrze pokryją się jajkiem. Podawać skropione sosem sojowym.

Przegrzebki Z Brokułami

dla 4 osób

350 g pokrojonych przegrzebków

3 plasterki posiekanego korzenia imbiru

¬Ω mała marchewka, pokrojona w plasterki

1 zmiażdżony ząbek czosnku

45 ml/3 łyżki mąki pszennej (uniwersalnej)

2,5 ml/¬Ω c. wodorowęglan sodu (wodorowęglan sodu)

30ml / 2 łyżki oleju arachidowego

15ml / 1 łyżka wody

1 pokrojony banan

olej do smażenia

275 g brokułów

sól

5ml/1 łyżeczka oleju sezamowego

2,5 ml/¬Ω c. sos pieprzowy

2,5 ml/¬Ω c. ocet winny

2,5 ml/¬Ω c. przecier pomidorowy (pasta)

Wymieszaj przegrzebki z imbirem, marchewką i czosnkiem i odstaw, aby odpoczęły. Wymieszaj mąkę, sodę oczyszczoną, 15 ml/1 łyżkę oleju i wodę na ciasto, którym posmaruj plasterki banana. Rozgrzewamy olej i smażymy banana na złoty kolor, następnie odcedzamy i układamy na rozgrzanym talerzu. W międzyczasie brokuły gotujemy we wrzącej osolonej wodzie do miękkości i odcedzamy. Rozgrzej pozostałą oliwę z oliwek z olejem sezamowym i szybko podsmaż brokuły, a następnie ułóż je na talerzu razem z bananami. Na patelnię dodaj sos pieprzowy, ocet winny i przecier pomidorowy i smaż przegrzebki, aż będą ugotowane.

Przegrzebki Z Imbirem

dla 4 osób

45 ml / 3 łyżki oleju arachidowego (orzechowego).

2,5 ml/¬Ω c. sól

3 plasterki posiekanego korzenia imbiru

2 szalotki (zielona cebula), pokrojone w grube plasterki

450 g/1 funt łuskanych przegrzebków, przekrojonych na pół

15 ml / 1 łyżka mąki kukurydzianej (skrobi kukurydzianej)

60ml / 4 łyżki wody

Rozgrzej oliwę z oliwek i smaż sól i imbir przez 30 sekund. Dodać szczypiorek i smażyć, aż się lekko zrumieni. Dodaj przegrzebki i smaż przez 3 minuty. Mąkę kukurydzianą wymieszać z wodą na pastę, dodać ją na patelnię i smażyć, mieszając, aż zgęstnieje. Natychmiast podawaj.

Przegrzebki Z Szynką

dla 4 osób

450 g/1 funt łuskanych przegrzebków, przekrojonych na pół
250 ml/8 uncji/1 szklanka wina ryżowego lub wytrawnego sherry
1 drobno posiekana cebula
2 plasterki posiekanego korzenia imbiru
2,5 ml/¬Ω c. sól
100 g posiekanej wędzonej szynki

Włóż przegrzebki do miski i dodaj wino lub sherry. Przykryć i marynować przez 30 minut, od czasu do czasu obracając, następnie odcedzić przegrzebki i wyrzucić marynatę. Przegrzebki ułożyć w naczyniu żaroodpornym wraz z resztą składników. Połóż naczynie na drucianej kratce w naczyniu do gotowania na parze, przykryj i gotuj we wrzącej wodzie przez około 6 minut, aż przegrzebki będą miękkie.

Przegrzebki zmieszane z ziołami

dla 4 osób

225 g łuskanych przegrzebków
30ml/2 łyżki posiekanej świeżej kolendry
4 ubite jajka
15 ml/1 łyżka wina ryżowego lub wytrawnego sherry
sól i świeżo zmielony pieprz
15ml/1 łyżka oleju arachidowego

Włóż przegrzebki do naczynia do gotowania na parze i gotuj na parze przez około 3 minuty, aż będą ugotowane, w zależności od ich wielkości. Wyjąć z naczynia do gotowania na parze i posypać kolendrą. Jajka ubić z winem lub sherry i doprawić do smaku solą i pieprzem. Dodaj przegrzebki i kolendrę. Rozgrzej oliwę z oliwek i smaż mieszaninę przegrzebków i jajek, ciągle mieszając, aż jajka się zetną. Natychmiast podawaj.

Smażony przegrzebek i cebula

dla 4 osób

45 ml / 3 łyżki oleju arachidowego (orzechowego).
1 pokrojona cebula
450 g przegrzebków w łupinach, pokrojonych na ćwiartki
sól i świeżo zmielony pieprz
15 ml/1 łyżka wina ryżowego lub wytrawnego sherry

Rozgrzej oliwę i podsmaż cebulę, aż będzie miękka. Dodaj przegrzebki i smaż, aż lekko się zarumienią. Dopraw solą i pieprzem, polej winem lub sherry i od razu podawaj.

Przegrzebki Z Warzywami

o 4'6

4 suszone grzyby chińskie

2 cebule

30ml / 2 łyżki oleju arachidowego

3 łodygi selera pokrojone ukośnie

225 g zielonej fasolki, pokrojonej ukośnie

10ml/2 łyżeczki startego korzenia imbiru

1 zmiażdżony ząbek czosnku

20 ml / 4 łyżeczki mąki kukurydzianej (skrobi kukurydzianej)

250 ml/8 uncji uncji/1 szklanka bulionu z kurczaka

30ml/2 łyżki wina ryżowego lub wytrawnego sherry

30ml / 2 łyżki sosu sojowego

450 g przegrzebków w łupinach, pokrojonych na ćwiartki

6 szalotek (zielona cebula), pokrojonych w plasterki

425 g kukurydzy w puszkach w kolbie

Grzyby namoczyć w ciepłej wodzie przez 30 minut, a następnie odcedzić. Odrzuć łodygi i odetnij końcówki. Cebulę pokroić w plasterki i oddzielić warstwy. Rozgrzej oliwę z oliwek i smaż cebulę, seler, fasolę, imbir i czosnek przez 3 minuty. Kaszę kukurydzianą wymieszać z odrobiną bulionu, następnie wymieszać z pozostałym bulionem, winem lub sherry i sosem sojowym. Dodać do woka i zagotować, mieszając. Dodaj grzyby, przegrzebki, szalotkę i kukurydzę i smaż przez około 5 minut, aż przegrzebki będą miękkie.

Przegrzebki Z Papryką

dla 4 osób

30ml / 2 łyżki oleju arachidowego
3 zielone cebule (szczypiorek), posiekane
1 zmiażdżony ząbek czosnku
2 plasterki posiekanego korzenia imbiru
2 czerwone papryki pokrojone w kostkę
450 g/1 funt łuskanych przegrzebków
30ml/2 łyżki wina ryżowego lub wytrawnego sherry
15ml/1 łyżka sosu sojowego
15 ml / 1 łyżka sosu z żółtej fasoli
5ml/1 łyżeczka cukru
5ml/1 łyżeczka oleju sezamowego

Rozgrzej oliwę z oliwek i smaż szczypiorek, czosnek i imbir przez 30 sekund. Dodaj paprykę i smaż przez 1 minutę. Dodaj przegrzebki i smaż przez 30 sekund, następnie dodaj pozostałe składniki i smaż przez około 3 minuty, aż przegrzebki będą miękkie.

Kalmary z kiełkami fasoli

dla 4 osób

450 g / 1 funt kalmarów

30ml / 2 łyżki oleju arachidowego

15 ml/1 łyżka wina ryżowego lub wytrawnego sherry

100 g kiełków fasoli

15ml/1 łyżka sosu sojowego

sól

1 starta czerwona papryka

2 plasterki startego korzenia imbiru

2 starte zielone cebule (szczypiorek).

Usuń głowę, wnętrzności i błonę z kałamarnicy i pokrój ją na duże kawałki. W każdym kawałku wytnij wzór w kształcie krzyża. Zagotuj wodę w rondlu, dodaj kalmary i gotuj na małym ogniu, aż kawałki się zwiną, wyjmij i odsącz. Rozgrzej połowę oliwy z oliwek i szybko podsmaż kalmary. Skropić winem lub sherry. W międzyczasie rozgrzej pozostały olej i podsmaż kiełki fasoli, aż będą miękkie. Doprawić sosem sojowym i solą. Na talerzu ułóż paprykę, imbir i szczypiorek. Połóż kiełki fasoli na środku i ułóż na nich kalmary. Natychmiast podawaj.

smażona kałamarnica

dla 4 osób

50 g mąki zwykłej (uniwersalnej)
25 g/1 uncja/¬th szklanki skrobi kukurydzianej (skrobi kukurydzianej)
2,5 ml/¬Ω łyżeczki proszku do pieczenia
2,5 ml/¬Ω c. sól
1 jajko
75ml / 5 łyżek wody
15ml/1 łyżka oleju arachidowego
450 g kalmarów pokrojonych w plasterki
olej do smażenia

Z mąki, skrobi kukurydzianej, drożdży, soli, jajka, wody i oleju wyrobić ciasto. Zanurzaj kalmary w cieście, aż będą dobrze pokryte. Rozgrzej olej i smaż kalmary, po kilka kawałków na raz, na złoty kolor. Przed podaniem odsącz na papierze chłonnym.

paczki kalmarów

dla 4 osób

8 suszonych grzybów chińskich

450 g / 1 funt kalmarów

100 g szynki wędzonej

100 g tofu

1 ubite jajko

15ml/1 łyżka mąki zwykłej (uniwersalnej)

2,5 ml/¬Ω łyżeczki cukru

2,5 ml/¬Ω c. olej sezamowy

sól i świeżo zmielony pieprz

8 skórek wontonów

olej do smażenia

Grzyby namoczyć w ciepłej wodzie przez 30 minut, a następnie odcedzić. Odrzuć łodygi. Obierz kalmary i pokrój je na 8 części. Szynkę i tofu pokroić na 8 kawałków. Umieść je wszystkie w misce. Jajko wymieszaj z mąką, cukrem, olejem sezamowym, solą i pieprzem. Składniki wlać do miski i delikatnie wymieszać. Umieść kapelusz grzyba oraz kawałek kalmara, szynki i tofu tuż pod środkiem każdej muszli wonton. Złóż dolny róg, złóż boki i zwiń, zwilżając brzegi wodą, aby je uszczelnić. Rozgrzej olej i smaż kawałki przez około 8 minut, aż będą złociste. Dobrze odcedzić przed podaniem.

smażone bułki z kalmarami

dla 4 osób

45 ml / 3 łyżki oleju arachidowego (orzechowego).
225 g/8 uncji krążków kalmarów

1 duża zielona papryka, pokrojona na kawałki

100 g pędów bambusa, pokrojonych w plasterki

2 zielone cebule (szczypiorek), drobno posiekane

1 plasterek korzenia imbiru, drobno posiekany

45ml / 2 łyżki sosu sojowego

30ml/2 łyżki wina ryżowego lub wytrawnego sherry

15 ml / 1 łyżka mąki kukurydzianej (skrobi kukurydzianej)

15 ml / 1 łyżka bulionu rybnego lub wody

5ml/1 łyżeczka cukru

5 ml / 1 łyżeczka octu winnego

5ml/1 łyżeczka oleju sezamowego

sól i świeżo zmielony pieprz

Rozgrzej 15 ml/1 łyżkę oleju i szybko podsmaż kalmary na złoty kolor. W międzyczasie na osobnej patelni rozgrzej pozostały olej i smaż paprykę, pędy bambusa, dymkę i imbir przez 2 minuty. Dodaj kalmary i smaż przez 1 minutę. Dodać sos sojowy, wino lub sherry, mąkę kukurydzianą, bulion, cukier, ocet winny i olej sezamowy, doprawić solą i pieprzem. Smażyć, aż sos się rozjaśni i zgęstnieje.

Smażone kalmary

dla 4 osób

45 ml / 3 łyżki oleju arachidowego (orzechowego).
3 szalotki (zielona cebula), pokrojone w grube plasterki
2 plasterki posiekanego korzenia imbiru
450 g kalmarów pokrojonych na kawałki
15ml/1 łyżka sosu sojowego
15 ml/1 łyżka wina ryżowego lub wytrawnego sherry
5ml / 1 łyżeczka mąki kukurydzianej (skrobi kukurydzianej)
15ml / 1 łyżka wody

Rozgrzej oliwę i podsmaż cebulę i imbir, aż będą miękkie. Dodaj kalmary i smaż, aż pokryją się olejem. Dodaj sos sojowy i wino lub sherry, przykryj i gotuj przez 2 minuty. Wymieszaj mąkę kukurydzianą z wodą, aż powstanie pasta, dodaj ją na patelnię i gotuj na małym ogniu, mieszając, aż sos zgęstnieje, a kalmary będą miękkie.

Kalmary Z Suszonymi Grzybami

dla 4 osób

50g suszonych grzybów chińskich
450 g/1 funt krążków kalmarów
45 ml / 3 łyżki oleju arachidowego (orzechowego).

45ml / 3 łyżki sosu sojowego
2 zielone cebule (szczypiorek), drobno posiekane
1 plasterek posiekanego korzenia imbiru
225 g pędów bambusa pokrojonych w paski
30ml / 2 łyżki mąki kukurydzianej (skrobi kukurydzianej)
150 ml / ¬° pt / ¬Ω hojny kubek bulionu rybnego

Grzyby namoczyć w ciepłej wodzie przez 30 minut, a następnie odcedzić. Odrzuć łodygi i odetnij końcówki. Blanszuj kalmary przez kilka sekund we wrzącej wodzie. Rozgrzej oliwę z oliwek, dodaj grzyby, sos sojowy, szalotkę i imbir i smaż przez 2 minuty. Dodaj kalmary i pędy bambusa i smaż przez 2 minuty. Połączyć mąkę kukurydzianą z bulionem i wlać na patelnię. Gotuj na małym ogniu, mieszając, aż sos się rozrzedzi i zgęstnieje.

Kalmary Z Warzywami

dla 4 osób
45 ml / 3 łyżki oleju arachidowego (orzechowego).
1 pokrojona cebula
5ml/1 łyżeczka soli
450 g kalmarów pokrojonych na kawałki

100 g pędów bambusa, pokrojonych w plasterki

2 łodygi selera pokrojone ukośnie

60ml / 4 łyżki bulionu z kurczaka

5ml/1 łyżeczka cukru

100 g groszku

5ml / 1 łyżeczka mąki kukurydzianej (skrobi kukurydzianej)

15ml / 1 łyżka wody

Rozgrzej olej i podsmaż cebulę i sól, aż lekko się zarumienią. Dodaj kalmary i smaż, aż pokryją się olejem. Dodaj pędy bambusa i seler i smaż przez 3 minuty. Dodajemy bulion i cukier, doprowadzamy do wrzenia, przykrywamy i gotujemy 3 minuty, aż warzywa będą miękkie. Dodaj świerzb. Mąkę kukurydzianą i wodę wymieszać na pastę, przełożyć na patelnię i smażyć, mieszając, aż sos zgęstnieje.

Wołowina duszona z anyżem

dla 4 osób

30ml / 2 łyżki oleju arachidowego

450 g/1 funt polędwicy wołowej

1 zmiażdżony ząbek czosnku

45ml / 3 łyżki sosu sojowego

15ml / 1 łyżka wody

15 ml/1 łyżka wina ryżowego lub wytrawnego sherry

5ml/1 łyżeczka soli
5ml/1 łyżeczka cukru
2 ząbki anyżu gwiazdkowatego

Rozgrzej olej i smaż mięso ze wszystkich stron na złoty kolor. Dodać resztę składników, doprowadzić do wrzenia, przykryć i gotować około 45 minut, następnie obrócić mięso, dodając odrobinę więcej wody i sosu sojowego, jeśli mięso będzie suche. Gotuj przez kolejne 45 minut, aż mięso będzie miękkie. Przed podaniem wyrzuć anyż gwiazdkowaty.

Cielęcina ze szparagami

dla 4 osób

Stek z polędwicy wołowej 450 g/1 funt
30ml / 2 łyżki sosu sojowego
30ml/2 łyżki wina ryżowego lub wytrawnego sherry
45ml / 3 łyżki mąki kukurydzianej (skrobi kukurydzianej)
45 ml / 3 łyżki oleju arachidowego (orzechowego).
5ml/1 łyżeczka soli
1 zmiażdżony ząbek czosnku
350 g końcówek szparagów
120 ml/4 uncji/¬Ω szklanki bulionu z kurczaka
15ml/1 łyżka sosu sojowego

Umieść stek w misce. Wymieszaj sos sojowy, wino lub sherry i 30 ml/2 łyżki mąki kukurydzianej, polej stek i dobrze wymieszaj. Pozostawić do maceracji na 30 minut. Rozgrzewamy oliwę z solą i czosnkiem i smażymy, aż czosnek się lekko zrumieni. Dodaj mięso i marynatę i smaż przez 4 minuty. Dodać szparagi i delikatnie smażyć przez 2 minuty. Dodać bulion i sos sojowy, doprowadzić do wrzenia i gotować, mieszając, przez 3 minuty, aż mięso będzie ugotowane. Pozostałą mąkę kukurydzianą wymieszaj z odrobiną wody lub bulionu i dodaj do sosu. Gotuj, mieszając, przez kilka minut, aż sos się rozrzedzi i zgęstnieje.

Wołowina z Pędami Bambusa

dla 4 osób

45 ml / 3 łyżki oleju arachidowego (orzechowego).

1 zmiażdżony ząbek czosnku

1 posiekany szczypiorek (zielona cebula).

1 plasterek posiekanego korzenia imbiru

225 g chudej wołowiny pokrojonej w paski

100g pędów bambusa

45ml / 3 łyżki sosu sojowego

15 ml/1 łyżka wina ryżowego lub wytrawnego sherry

5ml / 1 łyżeczka mąki kukurydzianej (skrobi kukurydzianej)

Rozgrzej oliwę z oliwek i podsmaż czosnek, szczypiorek i imbir, aż się lekko zrumienią. Dodaj mięso i smaż przez 4 minuty, aż lekko się zarumieni. Dodaj pędy bambusa i smaż przez 3 minuty. Dodaj sos sojowy, wino lub sherry i skrobię kukurydzianą i gotuj przez 4 minuty.

Wołowina z pędami bambusa i grzybami

dla 4 osób

225 g/8 uncji chudego mięsa

45 ml / 3 łyżki oleju arachidowego (orzechowego).

1 plasterek posiekanego korzenia imbiru

100 g pędów bambusa, pokrojonych w plasterki

100 g grzybów pokrojonych w plasterki

45ml/3 łyżki wina ryżowego lub wytrawnego sherry

5ml/1 łyżeczka cukru

10ml/2 łyżeczki sosu sojowego

sól i pieprz

120 ml/4 uncje/¬Ω szklanki bulionu wołowego

15 ml / 1 łyżka mąki kukurydzianej (skrobi kukurydzianej)

30ml / 2 łyżki wody

Mięso pokroić w cienkie plasterki wzdłuż włókien. Rozgrzej oliwę i podsmaż imbir przez kilka sekund. Dodać mięso i smażyć na złoty kolor. Dodaj pędy bambusa i grzyby i smaż przez 1 minutę. Dodać wino lub sherry, cukier i sos sojowy, doprawić solą i pieprzem. Dodajemy bulion, doprowadzamy do wrzenia, przykrywamy i gotujemy 3 minuty. Połączyć mąkę kukurydzianą z wodą, wymieszać na patelni i smażyć, mieszając, aż sos zgęstnieje.

Chińska pieczona wołowina

dla 4 osób

45 ml / 3 łyżki oleju arachidowego (orzechowego).

900 g/2 funty żeberka

1 szczypiorek (zielona cebula), pokrojony w plasterki

1 ząbek posiekanego czosnku

1 plasterek posiekanego korzenia imbiru

60ml / 4 łyżki sosu sojowego

30ml/2 łyżki wina ryżowego lub wytrawnego sherry

5ml/1 łyżeczka cukru

5ml/1 łyżeczka soli

szczypta pieprzu

750 ml / 1 m / 3 szklanki wrzącej wody

Rozgrzej olej i szybko obsmaż mięso ze wszystkich stron. Dodaj szalotkę, czosnek, imbir, sos sojowy, wino lub sherry, cukier, sól i pieprz. Niech się zagotuje, mieszając. Zalać wrzącą wodą, mieszając doprowadzić do wrzenia, przykryć i gotować około 2 godzin, aż mięso będzie miękkie.

Cielęcina z kiełkami fasoli

dla 4 osób
450 g/1 funt chudej wołowiny, pokrojonej w plasterki
1 białko jaja
30ml / 2 łyżki oleju arachidowego
15 ml / 1 łyżka mąki kukurydzianej (skrobi kukurydzianej)
15ml/1 łyżka sosu sojowego
100 g kiełków fasoli
1 uncja/25 g kiszonej kapusty, posiekanej
1 starta czerwona papryka
2 starte zielone cebule (szczypiorek).
2 plasterki startego korzenia imbiru
sól
5ml/1 łyżeczka sosu ostrygowego
5ml/1 łyżeczka oleju sezamowego

Mięso wymieszać z białkiem, połową oliwy z oliwek, skrobią kukurydzianą i sosem sojowym i odstawić na 30 minut. Kiełki fasoli blanszować we wrzącej wodzie przez około 8 minut, aż będą prawie miękkie, następnie odcedzić. Rozgrzać pozostały olej i smażyć mięso do lekkiego zrumienienia, następnie zdjąć z patelni. Dodać kapustę kiszoną, papryczkę chili, imbir, sól, sos ostrygowy i olej sezamowy, smażyć 2 minuty. Dodaj kiełki fasoli i smaż przez 2 minuty. Mięso włóż z powrotem na patelnię i smaż, aż dobrze się wymiesza i podgrzeje. Natychmiast podawaj.

Wołowina z brokułami

dla 4 osób

Stek z polędwicy wołowej 450g/1 funt w cienkich plasterkach
30ml / 2 łyżki mąki kukurydzianej (skrobi kukurydzianej)
15 ml/1 łyżka wina ryżowego lub wytrawnego sherry
15ml/1 łyżka sosu sojowego
30ml / 2 łyżki oleju arachidowego
5ml/1 łyżeczka soli
1 zmiażdżony ząbek czosnku
225 g różyczek brokułów
150 ml / ¬° pt. / obfita ¬Ω szklanka bulionu wołowego

Umieść stek w misce. Wymieszaj 15ml/1 łyżkę mąki kukurydzianej z winem lub sherry i sosem sojowym, dodaj do mięsa i marynuj przez 30 minut. Rozgrzewamy oliwę z solą i czosnkiem i smażymy, aż czosnek się lekko zrumieni. Dodaj stek i marynatę i gotuj przez 4 minuty. Dodaj brokuły i smaż przez 3 minuty. Dodać bulion, doprowadzić do wrzenia, przykryć i gotować przez 5 minut, aż brokuły będą miękkie, ale nadal chrupiące. Pozostałą mąkę kukurydzianą wymieszaj z odrobiną wody i dodaj do sosu. Gotuj na małym ogniu, mieszając, aż sos się rozrzedzi i zgęstnieje.

Wołowina Sezamowa Z Brokułami

dla 4 osób
150 g chudej wołowiny, pokrojonej w cienkie plasterki
2,5 ml/¬Ω c. Sos z ostryg
5ml / 1 łyżeczka mąki kukurydzianej (skrobi kukurydzianej)
5ml/1 łyżeczka białego octu winnego
60ml / 4 łyżki oleju arachidowego
100 g różyczek brokuła

5ml/1 łyżeczka sosu rybnego
2,5 ml/¬Ω c. sos sojowy
250 ml/8 uncji/1 szklanka bulionu wołowego
30ml / 2 łyżki nasion sezamu

Zamarynuj mięso w sosie ostrygowym, 2,5 ml/¬Ω łyżeczki mąki kukurydzianej, 2,5 ml/¬Ω łyżeczki octu winnego i 15 ml/¬Ω łyżeczki oleju przez 1 godzinę.

W międzyczasie podgrzej 15 ml/1 łyżkę oleju, dodaj brokuły, 2,5 ml/¬Ω sosu rybnego, sos sojowy i pozostały ocet winny i zalej wrzącą wodą. Gotuj na małym ogniu przez około 10 minut, aż będzie miękka.

Na osobnej patelni rozgrzej 30 ml/2 łyżki oleju i szybko smaż mięso, aż się zrumieni. Dodać bulion, pozostałą mąkę kukurydzianą i sos rybny, doprowadzić do wrzenia, przykryć i gotować około 10 minut, aż mięso będzie miękkie. Odcedź brokuły i połóż je na ciepłym talerzu. Przykryj mięsem i obficie posyp sezamem.

Piec na ruszcie

dla 4 osób

Chudy stek o wadze 450 g/1 funt, pokrojony w plasterki

60ml / 4 łyżki sosu sojowego

2 zmiażdżone ząbki czosnku

5ml/1 łyżeczka soli

2,5 ml/¬Ω c. świeżo zmielony pieprz

10ml / 2 łyżeczki cukru

Wszystkie składniki wymieszać i pozostawić do maceracji na 3 godziny. Grilluj lub opiekaj (piecz) na rozgrzanym grillu przez około 5 minut z każdej strony.

Mięso kantońskie

dla 4 osób

30ml / 2 łyżki mąki kukurydzianej (skrobi kukurydzianej)
2 ubite białka
Stek o masie 450 g/1 funt pokrojony w paski
olej do smażenia
4 łodygi selera, pokrojone w plasterki
2 pokrojone cebule
60ml / 4 łyżki wody
20ml / 4 łyżeczki soli
75ml / 5 łyżek sosu sojowego
60ml/4 łyżki wina ryżowego lub wytrawnego sherry
30ml / 2 łyżki cukru
świeżo zmielony pieprz

Połowę skrobi kukurydzianej wymieszaj z białkami jaj. Dodaj stek i mieszaj, aby mięso pokryło się ciastem. Rozgrzej olej i smaż stek na złoty kolor. Zdjąć z patelni i odsączyć na papierowym ręczniku. Rozgrzej 15 ml/1 łyżkę oliwy z oliwek i smaż seler i cebulę przez 3 minuty. Dodać mięso, wodę, sól, sos sojowy, wino lub sherry i cukier, doprawić pieprzem. Doprowadzić do wrzenia i gotować, mieszając, aż sos zgęstnieje.

Mięso z marchewką

dla 4 osób

30ml / 2 łyżki oleju arachidowego
450 g/1 funt chudej wołowiny pokrojonej w kostkę
2 zielone cebule (szczypiorek), pokrojone w plasterki
2 zmiażdżone ząbki czosnku
1 plasterek posiekanego korzenia imbiru
250 ml/8 uncji/1 szklanka sosu sojowego
30ml/2 łyżki wina ryżowego lub wytrawnego sherry
30 ml / 2 łyżki brązowego cukru
5ml/1 łyżeczka soli
600 ml / 1 pkt / 2 Ω szklanki wody
4 marchewki, pokrojone ukośnie

Rozgrzej olej i smaż mięso, aż lekko się zrumieni. Odcedź nadmiar oleju, dodaj szczypiorek, czosnek, imbir i koper włoski, smaż przez 2 minuty. Dodaj sos sojowy, wino lub sherry, cukier i sól i dobrze wymieszaj. Dodać wodę, doprowadzić do wrzenia, przykryć i gotować przez 1 godzinę. Dodać marchewkę, przykryć i gotować kolejne 30 minut. Zdejmij pokrywkę i gotuj, aż sos się zredukuje.

Mięso Z Orzechami Nerkowca

dla 4 osób

60ml / 4 łyżki oleju arachidowego
Stek z polędwicy wołowej 450g/1 funt w cienkich plasterkach
8 szalotek (zielona cebula), pokrojonych na kawałki
2 zmiażdżone ząbki czosnku
1 plasterek posiekanego korzenia imbiru
75 g / 3 uncje / szklanka prażonych orzechów nerkowca
120 ml/4 uncji/¬Ω szklanki wody
20 ml / 4 łyżeczki mąki kukurydzianej (skrobi kukurydzianej)
20ml / 4 łyżeczki sosu sojowego
5ml/1 łyżeczka oleju sezamowego
5ml/1 łyżeczka sosu ostrygowego
5ml/1 łyżeczka sosu chilli

Rozgrzej połowę oleju i smaż mięso, aż się lekko zrumieni. Wyjąć z formy. Rozgrzej pozostałą oliwę z oliwek i smaż szczypiorek, czosnek, imbir i orzechy nerkowca przez 1 minutę. Mięso z powrotem włóż na patelnię. Połącz pozostałe składniki i wymieszaj mieszaninę na patelni. Doprowadzić do wrzenia i gotować, mieszając, aż mieszanina zgęstnieje.

Zapiekanka z wołowiną wolnowarowalna

dla 4 osób

30ml / 2 łyżki oleju arachidowego
450 g/1 funt gotowanej wołowiny pokrojonej w kostkę
3 plasterki posiekanego korzenia imbiru
3 pokrojone w plasterki marchewki
1 rzepa w kostce
15 ml / 1 łyżka czarnych daktyli bez pestek
15 ml / 1 łyżka nasion lotosu
30ml / 2 łyżki przecieru pomidorowego (pasty)
10ml / 2 łyżki soli
900 ml / 1 Ω pkt / 3 œ szklanki bulionu wołowego
250 ml/8 uncji/1 szklanka wina ryżowego lub wytrawnego sherry

Na dużej patelni lub patelni żaroodpornej rozgrzewamy olej i smażymy mięso ze wszystkich stron na złoty kolor.

Cielęcina Z Kalafiorem

dla 4 osób

225 g różyczek kalafiora
olej do smażenia
225 g wołowiny pokrojonej w paski
50 g pędów bambusa pokrojonych w paski
10 kasztanów wodnych pokrojonych w paski
120 ml/4 uncji/¬Ω szklanki bulionu z kurczaka
15ml/1 łyżka sosu sojowego
15 ml / 1 łyżka sosu ostrygowego
15 ml / 1 łyżka przecieru pomidorowego (pasty)
15 ml / 1 łyżka mąki kukurydzianej (skrobi kukurydzianej)
2,5 ml/¬Ω c. olej sezamowy

Kalafior gotujemy 2 minuty we wrzącej wodzie, odcedzamy. Rozgrzej oliwę z oliwek i podsmaż kalafior, aż się lekko zrumieni. Wyjmij i odsącz na chłonnym papierze. Rozgrzać olej i smażyć mięso do lekkiego zrumienienia, następnie wyjąć i odcedzić. Wlać całość oprócz 15 ml/1 łyżkę oleju i smażyć pędy bambusa i kasztany wodne przez 2 minuty. Dodać pozostałe składniki, doprowadzić do wrzenia i gotować, mieszając, aż sos zgęstnieje. Mięso i kalafior włóż z powrotem na patelnię i delikatnie podgrzej. Natychmiast podawaj.

Wołowina Z Selerem

dla 4 osób

100 g selera pokrojonego w paski
45 ml / 3 łyżki oleju arachidowego (orzechowego).
2 zielone cebule (szczypiorek), posiekane
1 plasterek posiekanego korzenia imbiru
225 g chudej wołowiny pokrojonej w paski
30ml / 2 łyżki sosu sojowego
30ml/2 łyżki wina ryżowego lub wytrawnego sherry
2,5 ml/¬Ω łyżeczki cukru
2,5 ml/¬Ω c. sól

Seler blanszować we wrzącej wodzie przez 1 minutę i dobrze odcedzić. Rozgrzej oliwę z oliwek i podsmaż szczypiorek i imbir, aż się lekko zrumienią. Dodaj mięso i smaż przez 4 minuty. Dodaj seler i smaż przez 2 minuty. Dodaj sos sojowy, wino lub sherry, cukier i sól i smaż przez 3 minuty.

Plasterki smażonego mięsa z selerem

dla 4 osób

30ml / 2 łyżki oleju arachidowego
450 g/1 funt chudej wołowiny, pokrojonej w plasterki
3 starte łodygi selera
1 starta cebula
1 szczypiorek (zielona cebula), pokrojony w plasterki
1 plasterek posiekanego korzenia imbiru
30ml / 2 łyżki sosu sojowego
15 ml/1 łyżka wina ryżowego lub wytrawnego sherry
2,5 ml/¬Ω łyżeczki cukru
2,5 ml/¬Ω c. sól
10ml / 2 łyżeczki mąki kukurydzianej (skrobi kukurydzianej)
30ml / 2 łyżki wody

Rozgrzej połowę oleju, aż będzie gorący i smaż mięso przez 1 minutę, aż będzie złociste. Wyjąć z formy. Rozgrzej pozostałą oliwę z oliwek i podsmaż seler, cebulę, szalotkę i imbir, aż będą lekko miękkie. Włóż mięso z powrotem na patelnię z sosem sojowym, winem lub sherry, cukrem i solą, zagotuj i smaż, aż się podgrzeje. Połącz mąkę kukurydzianą z wodą, wrzuć na patelnię i gotuj, aż sos zgęstnieje. Natychmiast podawaj.

Rozdrobnione mięso z kurczakiem i selerem

dla 4 osób

4 suszone grzyby chińskie
45 ml / 3 łyżki oleju arachidowego (orzechowego).
2 zmiażdżone ząbki czosnku
1 pokrojony i posiekany korzeń imbiru
5ml/1 łyżeczka soli
100 g chudej wołowiny pokrojonej w paski
100 g kurczaka pokrojonego w paski
2 marchewki pokrojone w paski
2 łodygi selera pokrojone w paski
4 szczypiorki (zielona cebula), pokrojone w paski
5ml/1 łyżeczka cukru
5ml/1 łyżeczka sosu sojowego
5ml/1 łyżeczka wina ryżowego lub wytrawnego sherry
45ml / 3 łyżki wody
5ml / 1 łyżeczka mąki kukurydzianej (skrobi kukurydzianej)

Grzyby namoczyć w ciepłej wodzie przez 30 minut, a następnie odcedzić. Odrzuć łodygi i odetnij końcówki. Rozgrzej oliwę z oliwek i podsmaż czosnek, imbir i sól, aż się lekko zrumienią. Dodaj mięso i kurczaka i smaż, aż zaczną się rumienić. Dodać seler, szczypiorek, cukier, sos sojowy, wino lub sherry i wodę, doprowadzić do wrzenia. Przykryj i gotuj przez około 15 minut, aż mięso będzie miękkie. Kaszę kukurydzianą wymieszaj z odrobiną wody, dodaj do sosu i gotuj, mieszając, aż sos zgęstnieje.

Mięso w Chile

dla 4 osób

Stek z polędwicy wołowej 450 g/1 funt, pokrojony w paski
45ml / 3 łyżki sosu sojowego
15 ml/1 łyżka wina ryżowego lub wytrawnego sherry
15 ml / 1 łyżka brązowego cukru
15ml/1 łyżka posiekanego korzenia imbiru
30ml / 2 łyżki oleju arachidowego
50 g pędów bambusa pokrojonych w pałeczki
1 cebula pokrojona w paski
1 łodyga selera pokrojona w zapałki
2 czerwone papryki pozbawione nasion i pokrojone w paski
120 ml/4 uncji/¬Ω szklanki bulionu z kurczaka
15 ml / 1 łyżka mąki kukurydzianej (skrobi kukurydzianej)

Umieść stek w misce. Połącz sos sojowy, wino lub sherry, cukier i imbir i dodaj do steku. Pozostawić do maceracji na 1 godzinę. Wyjmij stek z marynaty. Rozgrzać połowę oliwy i smażyć pędy bambusa, cebulę, seler i papryczkę chili przez 3 minuty, a następnie zdjąć je z patelni. Rozgrzej pozostałą oliwę z oliwek i smaż stek przez 3 minuty. Dodajemy marynatę, doprowadzamy do wrzenia i dodajemy podsmażone warzywa. Gotuj na małym ogniu, mieszając, przez 2 minuty. Wymieszaj bulion z mąką kukurydzianą i dodaj do patelni. Doprowadzić do wrzenia i gotować, mieszając, aż sos rozrzedzi się i zgęstnieje.

Wołowina Z Kapustą Chińską

dla 4 osób

225 g/8 uncji chudego mięsa

30ml / 2 łyżki oleju arachidowego

350 g startego bok choy

120 ml/4 uncje/¬Ω szklanki bulionu wołowego

sól i świeżo zmielony pieprz

10ml / 2 łyżeczki mąki kukurydzianej (skrobi kukurydzianej)

30ml / 2 łyżki wody

Mięso pokroić w cienkie plasterki wzdłuż włókien. Rozgrzej olej i smaż mięso na złoty kolor. Dodaj kapustę pekińską i smaż, aż będzie lekko miękka. Dodajemy bulion, doprowadzamy do wrzenia i doprawiamy solą i pieprzem. Przykryj i gotuj przez 4 minuty, aż mięso będzie miękkie. Połączyć mąkę kukurydzianą z wodą, wymieszać na patelni i smażyć, mieszając, aż sos zgęstnieje.

Kotlet wołowy

dla 4 osób

3 łodygi selera, pokrojone w plasterki
100 g kiełków fasoli
100 g różyczek brokuła
60ml / 4 łyżki oleju arachidowego
3 zielone cebule (szczypiorek), posiekane
2 zmiażdżone ząbki czosnku
1 plasterek posiekanego korzenia imbiru
225 g chudej wołowiny pokrojonej w paski
45ml / 3 łyżki sosu sojowego
15 ml/1 łyżka wina ryżowego lub wytrawnego sherry
5ml/1 łyżeczka soli
2,5 ml/¬Ω łyżeczki cukru
świeżo zmielony pieprz
15 ml / 1 łyżka mąki kukurydzianej (skrobi kukurydzianej)

Seler, kiełki fasoli i brokuły blanszować we wrzącej wodzie przez 2 minuty, odcedzić i osuszyć. Rozgrzej 45 ml/3 łyżki oliwy z oliwek i podsmaż cebulę dymkę, czosnek i imbir, aż się lekko zrumienią. Dodaj mięso i smaż przez 4 minuty. Wyjąć z formy. Rozgrzej pozostałą oliwę i smaż warzywa przez 3 minuty. Dodać mięso, sos sojowy, wino lub sherry, sól, cukier i szczyptę pieprzu i gotować przez 2 minuty. Kaszę kukurydzianą wymieszać z odrobiną wody, wlać na patelnię i podgrzewać na małym ogniu, mieszając, aż sos się rozrzedzi i zgęstnieje.

mięso ogórkowe

dla 4 osób

Stek z polędwicy wołowej 450g/1 funt w cienkich plasterkach
45ml / 3 łyżki sosu sojowego
30ml / 2 łyżki mąki kukurydzianej (skrobi kukurydzianej)
60ml / 4 łyżki oleju arachidowego
2 ogórki, obrane, pozbawione gniazd nasiennych i pokrojone w plasterki
60ml / 4 łyżki bulionu z kurczaka
30ml/2 łyżki wina ryżowego lub wytrawnego sherry
sól i świeżo zmielony pieprz

Umieść stek w misce. Połącz sos sojowy i mąkę kukurydzianą i dodaj do steku. Pozostawić do maceracji na 30 minut. Rozgrzej połowę oliwy z oliwek i smaż ogórki przez 3 minuty, aż ogórki staną się nieprzezroczyste, a następnie zdejmij je z patelni. Rozgrzej pozostały olej i smaż stek na złoty kolor. Dodaj ogórki i smaż przez 2 minuty. Dodać bulion, wino lub sherry i doprawić solą i pieprzem. Doprowadzić do wrzenia, przykryć i gotować na małym ogniu przez 3 minuty.

Chow mein z wołowiną

dla 4 osób

750 g polędwicy wołowej

2 cebule

45ml / 3 łyżki sosu sojowego

45ml/3 łyżki wina ryżowego lub wytrawnego sherry

15ml/1 łyżka masła orzechowego

5ml/1 łyżeczka soku z cytryny

350 g makaronu jajecznego

60ml / 4 łyżki oleju arachidowego

175 ml/6 uncji/szklanka bulionu z kurczaka

15 ml / 1 łyżka mąki kukurydzianej (skrobi kukurydzianej)

30ml / 2 łyżki sosu ostrygowego

4 zielone cebule (szczypiorek), posiekane

3 łodygi selera, pokrojone w plasterki

100 g grzybów pokrojonych w plasterki

1 zielona papryka pokrojona w paski

100 g kiełków fasoli

Odetnij i usuń tłuszcz z mięsa. Ziarno pokroić w cienkie plasterki. Cebulę pokroić w plasterki i oddzielić warstwy. Zmieszaj 15ml/1 łyżka sosu sojowego z 15ml/1 łyżka wina lub sherry, masło orzechowe i sok z cytryny. Dodać mięso, przykryć i odstawić na 1 godzinę. Makaron gotuj we wrzącej wodzie przez około 5 minut lub do miękkości. Wysusz dobrze. Rozgrzej 15 ml/1 łyżkę oleju, dodaj 15 ml/1 łyżkę sosu sojowego oraz makaron i smaż przez 2 minuty, aż lekko się zarumieni. Przełożyć na ciepły talerz.

Wymieszaj pozostały sos sojowy i wino lub sherry z bulionem, mąką kukurydzianą i sosem ostrygowym. Rozgrzej 15 ml/1 łyżkę oliwy z oliwek i smaż cebulę przez 1 minutę. Dodać seler, grzyby, paprykę i kiełki fasoli i smażyć przez 2 minuty. Wyjmij z woka. Rozgrzej pozostały olej i smaż mięso na złoty kolor. Dodajemy bulion, doprowadzamy do wrzenia, przykrywamy i gotujemy 3 minuty. Włóż warzywa z powrotem do woka i gotuj na małym ogniu, mieszając, przez około 4 minuty, aż warzywa się zarumienią. Powstałą mieszanką polać makaron i podawać.

stek z ogórka

dla 4 osób

Stek z polędwicy wołowej 450 g / 1 funt

10ml / 2 łyżeczki mąki kukurydzianej (skrobi kukurydzianej)

10ml / 2 łyżeczki soli

2,5 ml/½ c. świeżo zmielony pieprz

90ml / 6 łyżek oleju arachidowego

1 drobno posiekana cebula

1 ogórek, obrany i pokrojony w plasterki

120 ml/4 uncje/½ szklanki bulionu wołowego

Schab pokroić w paski, a następnie w cienkie plasterki wzdłuż włókien. Umieść w misce, dodaj skrobię kukurydzianą, sól, pieprz i połowę oliwy z oliwek. Pozostawić do maceracji na 30 minut. Rozgrzej pozostałą oliwę z oliwek i podsmaż mięso i cebulę, aż się lekko zarumienią. Dodać ogórki i bulion, doprowadzić do wrzenia, przykryć i dusić przez 5 minut.

Curry z pieczonej wołowiny

dla 4 osób

45ml / 3 łyżki masła

15ml/1 łyżka curry w proszku

45 ml/3 łyżki mąki pszennej (uniwersalnej)

375 ml/13 uncji/1 Ω filiżanki mleka

15ml/1 łyżka sosu sojowego

sól i świeżo zmielony pieprz

450 g/1 funt gotowanej wołowiny, mielonej

100 g groszku

2 pokrojone marchewki

2 posiekane cebule

225 g ugotowanego ryżu długoziarnistego, gorącego

1 jajko na twardo (gotowane), pokrojone w plasterki

Rozpuść masło, dodaj curry i mąkę, smaż przez 1 minutę. Dodać mleko i sos sojowy, doprowadzić do wrzenia i gotować, mieszając, przez 2 minuty. Doprawić solą i pieprzem. Dodaj mięso, groszek, marchewkę i cebulę i dobrze wymieszaj, aby dobrze pokryły się sosem. Dodaj ryż, przenieś mieszaninę na blachę do pieczenia i piecz w nagrzanym piekarniku w temperaturze 200∞C / 400∞F / termostat 6 przez 20 minut, aż warzywa będą miękkie. Podawać udekorowane kawałkami gotowanych jajek.

Prosty smażony kurczak

dla 4 osób

1 pierś z kurczaka, pokrojona w cienkie plasterki
2 plasterki posiekanego korzenia imbiru
2 zielone cebule (szczypiorek), posiekane
15 ml / 1 łyżka mąki kukurydzianej (skrobi kukurydzianej)
15 ml/1 łyżka wina ryżowego lub wytrawnego sherry
30ml / 2 łyżki wody
2,5 ml / ½ łyżeczki soli
45 ml / 3 łyżki oleju arachidowego (orzechowego).
100 g pędów bambusa, pokrojonych w plasterki
100 g grzybów pokrojonych w plasterki
100 g kiełków fasoli
15ml/1 łyżka sosu sojowego
5ml/1 łyżeczka cukru
120 ml/4 uncji/½ szklanki bulionu z kurczaka

Umieść kurczaka w misce. Połączyć imbir, szalotkę, skrobię kukurydzianą, wino lub sherry, wodę i sól, dodać do kurczaka i odstawić na 1 godzinę. Rozgrzej połowę oliwy z oliwek i podsmaż kurczaka, aż się lekko zrumieni, a następnie zdejmij z patelni. Rozgrzać pozostały olej i smażyć pędy bambusa, grzyby i kiełki fasoli przez 4 minuty. Dodać sos sojowy, cukier i bulion, doprowadzić do wrzenia, przykryć i gotować przez 5 minut, aż warzywa będą miękkie. Włóż kurczaka z powrotem na patelnię, dobrze wymieszaj i delikatnie podgrzej przed podaniem.

Kurczak W Sosie Pomidorowym

dla 4 osób

30ml / 2 łyżki oleju arachidowego
5ml/1 łyżeczka soli
2 zmiażdżone ząbki czosnku
450 g/1 funt kurczaka pokrojonego w kostkę
300 ml / ½ pt / 1 ¼ szklanki bulionu z kurczaka
120 ml/4 uncji/½ szklanki sosu pomidorowego (ketchup)
15 ml / 1 łyżka mąki kukurydzianej (skrobi kukurydzianej)
4 szalotki (zielona cebula), pokrojone w plasterki

Oliwę z solą i czosnkiem podgrzewamy do lekkiego zrumienienia. Dodać kurczaka i smażyć aż lekko się zrumieni. Dodać większość bulionu, doprowadzić do wrzenia, przykryć i gotować około 15 minut, aż kurczak będzie miękki. Pozostały bulion wymieszać z sosem pomidorowym i mąką kukurydzianą i wlać na patelnię. Gotuj na małym ogniu, mieszając, aż sos zgęstnieje i rozjaśni się. Jeśli sos jest zbyt płynny, chwilę gotujemy, aż się zredukuje. Dodaj szczypiorek i smaż przez 2 minuty przed podaniem.

Kurczak z pomidorem

dla 4 osób

225 g kurczaka pokrojonego w kostkę
15 ml / 1 łyżka mąki kukurydzianej (skrobi kukurydzianej)
15ml/1 łyżka sosu sojowego
15 ml/1 łyżka wina ryżowego lub wytrawnego sherry
45 ml / 3 łyżki oleju arachidowego (orzechowego).
1 cebula pokrojona w kostkę
60ml / 4 łyżki bulionu z kurczaka
5ml/1 łyżeczka soli
5ml/1 łyżeczka cukru
2 pomidory obrane ze skóry i pokrojone w kostkę

Wymieszaj kurczaka ze skrobią kukurydzianą, sosem sojowym i winem lub sherry i odstaw na 30 minut. Rozgrzej oliwę z oliwek i smaż kurczaka, aż będzie przezroczysty. Dodać cebulę i smażyć do miękkości. Dodać bulion, sól i cukier, doprowadzić do wrzenia i delikatnie mieszać na małym ogniu, aż kurczak będzie ugotowany. Dodaj pomidory i mieszaj, aż się rozgrzeją.

Gotowany kurczak z pomidorem

dla 4 osób
4 porcje kurczaka
4 pomidory obrane ze skóry i pokrojone na ćwiartki

15 ml/1 łyżka wina ryżowego lub wytrawnego sherry
15ml/1 łyżka oleju arachidowego
sól

Kurczaka włóż na patelnię i zalej zimną wodą. Doprowadzić do wrzenia, przykryć i gotować na małym ogniu przez 20 minut. Dodaj pomidory, wino lub sherry, oliwę z oliwek i sól, przykryj i gotuj przez kolejne 10 minut, aż kurczak będzie ugotowany. Ułóż kurczaka na rozgrzanym półmisku i pokrój go na kawałki i podawaj. Podgrzej sos i polej nim kurczaka.

Kurczak i pomidory z sosem z czarnej fasoli

dla 4 osób
45 ml / 3 łyżki oleju arachidowego (orzechowego).
1 zmiażdżony ząbek czosnku

45ml/3 łyżki sosu z czarnej fasoli
225 g kurczaka pokrojonego w kostkę
15 ml/1 łyżka wina ryżowego lub wytrawnego sherry
5ml/1 łyżeczka cukru
15ml/1 łyżka sosu sojowego
90ml / 6 łyżek bulionu z kurczaka
3 pomidory, obrane i pokrojone na ćwiartki
10ml / 2 łyżeczki mąki kukurydzianej (skrobi kukurydzianej)
45ml / 3 łyżki wody

Rozgrzej oliwę z oliwek i smaż czosnek przez 30 sekund. Dodaj sos z czarnej fasoli i smaż przez 30 sekund, następnie dodaj kurczaka i mieszaj, aż całkowicie pokryje się olejem. Dodać wino lub sherry, cukier, sos sojowy i bulion, doprowadzić do wrzenia, przykryć i gotować przez około 5 minut, aż kurczak będzie ugotowany. Połącz mąkę kukurydzianą z wodą, aż powstanie pasta, wlej ją na patelnię i gotuj, mieszając, aż sos się rozrzedzi i zgęstnieje.

Szybko ugotowany kurczak z warzywami

dla 4 osób

1 białko jaja
50 g/2 uncje mąki kukurydzianej (skrobi kukurydzianej)
225 g piersi z kurczaka pokrojonej w paski

75 ml / 5 łyżek oleju arachidowego (orzechowego).
200 g pędów bambusa pokrojonych w paski
50 g kiełków fasoli
1 zielona papryka pokrojona w paski
3 szalotki (zielona cebula), pokrojone w plasterki
1 plasterek posiekanego korzenia imbiru
1 ząbek posiekanego czosnku
15 ml/1 łyżka wina ryżowego lub wytrawnego sherry

Wymieszaj białko jaja ze skrobią kukurydzianą i zanurz w tej mieszance paski kurczaka. Rozgrzej olej na średnim ogniu i smaż kurczaka przez kilka minut, aż będzie ugotowany. Zdjąć z patelni i dobrze odsączyć. Na patelnię dodaj pęd bambusa, kiełki fasoli, paprykę, cebulę, imbir i czosnek i smaż przez 3 minuty. Dodaj wino lub sherry i włóż kurczaka z powrotem na patelnię. Dobrze wymieszaj i podgrzej przed podaniem.

kurczak z orzechami włoskimi

dla 4 osób

45 ml / 3 łyżki oleju arachidowego (orzechowego).
2 zielone cebule (szczypiorek), posiekane
1 plasterek posiekanego korzenia imbiru
1 funt/450 g piersi z kurczaka, pokrojonej w bardzo cienkie plasterki

50 g pokruszonej szynki

30ml / 2 łyżki sosu sojowego

30ml/2 łyżki wina ryżowego lub wytrawnego sherry

5ml/1 łyżeczka cukru

5ml/1 łyżeczka soli

100 g / 4 uncje / 1 szklanka posiekanych orzechów włoskich

Rozgrzej olej i smaż cebulę i imbir przez 1 minutę. Dodaj kurczaka i szynkę i smaż przez 5 minut, aż będą prawie ugotowane. Dodaj sos sojowy, wino lub sherry, cukier i sól i smaż przez 3 minuty. Dodać orzechy włoskie i smażyć przez 1 minutę, aż składniki dobrze się połączą.

Kurczak z orzechami włoskimi

dla 4 osób

100 g / 4 uncje / 1 szklanka łuskanych orzechów włoskich, przekrojonych na połówki

olej do smażenia

45 ml / 3 łyżki oleju arachidowego (orzechowego).

2 plasterki posiekanego korzenia imbiru

225 g kurczaka pokrojonego w kostkę

100 g pędów bambusa, pokrojonych w plasterki
75ml / 5 łyżek bulionu z kurczaka

Przygotuj orzechy włoskie, rozgrzej olej i smaż orzechy na złoty kolor i dobrze je odsącz. Rozgrzej olej arachidowy i smaż imbir przez 30 sekund. Dodać kurczaka i smażyć aż lekko się zrumieni. Dodaj pozostałe składniki, zagotuj i gotuj, mieszając, aż kurczak będzie ugotowany.

Kurczak z kasztanowca wodnego

dla 4 osób

45 ml / 3 łyżki oleju arachidowego (orzechowego).
2 zmiażdżone ząbki czosnku
2 zielone cebule (szczypiorek), posiekane
1 plasterek posiekanego korzenia imbiru
225 g piersi z kurczaka pokrojonej w plasterki
100 g kasztanów wodnych, pokrojonych w plasterki
45ml / 3 łyżki sosu sojowego

15 ml/1 łyżka wina ryżowego lub wytrawnego sherry
5ml / 1 łyżeczka mąki kukurydzianej (skrobi kukurydzianej)

Rozgrzej oliwę z oliwek i podsmaż czosnek, szczypiorek i imbir, aż się lekko zrumienią. Dodaj kurczaka i smaż przez 5 minut. Dodaj kasztany wodne i smaż przez 3 minuty. Dodaj sos sojowy, wino lub sherry i mąkę kukurydzianą i smaż przez około 5 minut, aż kurczak będzie ugotowany.

Solony kurczak z kasztanami wodnymi

dla 4 osób

30ml / 2 łyżki oleju arachidowego
4 kawałki kurczaka
3 zielone cebule (szczypiorek), posiekane
2 zmiażdżone ząbki czosnku
1 plasterek posiekanego korzenia imbiru
250 ml/8 uncji/1 szklanka sosu sojowego
30ml/2 łyżki wina ryżowego lub wytrawnego sherry
30 ml / 2 łyżki brązowego cukru

5ml/1 łyżeczka soli

375 ml/13 uncji/1 ¼ szklanki wody

225 g kasztanów wodnych, pokrojonych w plasterki

15 ml / 1 łyżka mąki kukurydzianej (skrobi kukurydzianej)

Rozgrzej olej i smaż kawałki kurczaka na złoty kolor. Dodaj szalotkę, czosnek i imbir i smaż przez 2 minuty. Dodaj sos sojowy, wino lub sherry, cukier i sól i dobrze wymieszaj. Dodać wodę, zagotować, przykryć i gotować 20 minut. Dodać kasztany wodne, przykryć i gotować kolejne 20 minut. Kaszę kukurydzianą wymieszaj z odrobiną wody, dodaj sos i gotuj, mieszając, aż sos się rozrzedzi i zgęstnieje.

ravioli z kurczakiem

dla 4 osób

4 suszone grzyby chińskie
450 g / 1 funt rozdrobnionej piersi z kurczaka
225 g posiekanych, mieszanych warzyw
1 posiekany szczypiorek (zielona cebula).
15ml/1 łyżka sosu sojowego
2,5 ml / ½ łyżeczki soli
40 skórek wontonów
1 ubite jajko

Grzyby namoczyć w ciepłej wodzie przez 30 minut, a następnie odcedzić. Odrzuć łodygi i odetnij końcówki. Wymieszać z kurczakiem, warzywami, sosem sojowym i solą.

Aby złożyć wontony, przytrzymaj skórkę w lewej dłoni i umieść trochę nadzienia na środku. Brzegi zwilżamy jajkiem i składamy skorupkę w trójkąt, sklejając brzegi. Zwilż rogi jajkiem i przekręć.

Zagotuj rondelek z wodą. Dodaj wontony i gotuj przez około 10 minut, aż wypłyną na powierzchnię.

chrupiące skrzydełka z kurczaka

dla 4 osób

900 g skrzydełek z kurczaka
60ml/4 łyżki wina ryżowego lub wytrawnego sherry
60ml / 4 łyżki sosu sojowego
50 g / 2 uncje / ½ szklanki mąki kukurydzianej (skrobi kukurydzianej)
olej arachidowy do smażenia

Włóż skrzydełka kurczaka do miski. Połącz pozostałe składniki i polej skrzydełka kurczaka, dobrze wymieszaj, aby pokryły się sosem. Przykryj i odstaw na 30 minut. Rozgrzej olej i smaż kurczaka stopniowo, aż będzie ugotowany i ciemnobrązowy. Dobrze odsącz na ręcznikach papierowych i trzymaj w cieple, podczas gdy reszta kurczaka będzie smażona.

Skrzydełka z kurczaka z pięcioma przyprawami

dla 4 osób

30ml / 2 łyżki oleju arachidowego
2 zmiażdżone ząbki czosnku
450 g/1 funt skrzydełek z kurczaka
250 ml/8 uncji uncji/1 szklanka bulionu z kurczaka
30ml / 2 łyżki sosu sojowego
5ml/1 łyżeczka cukru
5ml/1 łyżeczka proszku pięciu przypraw

Podgrzej oliwę i czosnek, aż się lekko zrumienią. Dodać kurczaka i smażyć aż lekko się zrumieni. Dodać resztę składników, dobrze wymieszać i doprowadzić do wrzenia. Przykryj i gotuj przez około 15 minut, aż kurczak będzie ugotowany. Zdejmij pokrywkę i kontynuuj gotowanie na małym ogniu, od czasu do czasu mieszając, aż większość płynu odparuje. Podawać na gorąco lub na zimno.

Marynowane skrzydełka z kurczaka

dla 4 osób

45ml / 3 łyżki sosu sojowego

45ml/3 łyżki wina ryżowego lub wytrawnego sherry

30 ml / 2 łyżki brązowego cukru

5ml/1 łyżeczka startego korzenia imbiru

2 zmiażdżone ząbki czosnku

6 szalotek (zielona cebula), pokrojonych w plasterki

450 g/1 funt skrzydełek z kurczaka

30ml / 2 łyżki oleju arachidowego

225 g pędów bambusa, pokrojonych w plasterki

20 ml / 4 łyżeczki mąki kukurydzianej (skrobi kukurydzianej)

175 ml/6 uncji/¾ szklanki bulionu z kurczaka

Połącz sos sojowy, wino lub sherry, cukier, imbir, czosnek i szczypiorek. Dodaj skrzydełka z kurczaka i dobrze wymieszaj. Przykryj i odstaw na 1 godzinę, od czasu do czasu mieszając. Rozgrzej olej i smaż pędy bambusa przez 2 minuty. Wyjmij je z patelni. Odcedzić kurczaka i cebulę, zachowując marynatę. Rozgrzej olej i smaż kurczaka na złoty kolor ze wszystkich stron. Przykryj i gotuj przez kolejne 20 minut, aż kurczak będzie miękki. Wymieszaj skrobię kukurydzianą z bulionem i zarezerwowaną marynatą. Polać nim kurczaka i doprowadzić do wrzenia, mieszając, aż sos zgęstnieje. Dodaj pędy bambusa i smaż, mieszając, przez kolejne 2 minuty.

Prawdziwe skrzydełka z kurczaka

dla 4 osób

12 skrzydełek z kurczaka
250 ml/8 uncji/1 szklanka oleju arachidowego
15ml/1 łyżka cukru kryształu
2 szczypiorek (zielona cebula), pokrojony na kawałki
5 plasterków korzenia imbiru
5ml/1 łyżeczka soli
45ml / 3 łyżki sosu sojowego
250 ml/8 uncji/1 szklanka wina ryżowego lub wytrawnego sherry
250 ml/8 uncji uncji/1 szklanka bulionu z kurczaka
10 plastrów pędu bambusa
15 ml / 1 łyżka mąki kukurydzianej (skrobi kukurydzianej)
15ml / 1 łyżka wody
2,5 ml/½ łyżeczki oleju sezamowego

Blanszuj skrzydełka kurczaka we wrzącej wodzie przez 5 minut i dobrze odsącz. Rozgrzej olej, dodaj cukier i mieszaj, aż się rozpuści i nabierze złotego koloru. Dodać kurczaka, szalotkę, imbir, sól, sos sojowy, wino i bulion, doprowadzić do wrzenia i gotować przez 20 minut. Dodaj pędy bambusa i gotuj przez 2 minuty lub do momentu, aż płyn prawie całkowicie odparuje. Mąkę kukurydzianą wymieszaj z wodą, wsyp na patelnię i mieszaj, aż zgęstnieje. Przełóż skrzydełka kurczaka na gorący talerz i podawaj skropione olejem sezamowym.

Pikantne Skrzydełka Z Kurczaka

dla 4 osób

30ml / 2 łyżki oleju arachidowego

5ml/1 łyżeczka soli

2 zmiażdżone ząbki czosnku

900 g skrzydełek z kurczaka

30ml/2 łyżki wina ryżowego lub wytrawnego sherry

30ml / 2 łyżki sosu sojowego

30ml / 2 łyżki przecieru pomidorowego (pasty)

15ml / 1 łyżka sosu Worcestershire

Rozgrzej oliwę z oliwek, sól i czosnek i smaż, aż czosnek stanie się lekko złoty. Dodaj skrzydełka z kurczaka i smaż, często mieszając, przez około 10 minut, aż będą złociste i prawie ugotowane. Dodaj pozostałe składniki i smaż przez około 5 minut, aż kurczak będzie chrupiący i ugotowany.

Grillowane udka z kurczaka

dla 4 osób

16 udek z kurczaka
30ml/2 łyżki wina ryżowego lub wytrawnego sherry
30ml / 2 łyżki octu winnego
30ml / 2 łyżki oliwy z oliwek
sól i świeżo zmielony pieprz
120 ml/4 uncji/½ szklanki soku pomarańczowego
30ml / 2 łyżki sosu sojowego
30ml / 2 łyżki miodu
15ml/1 łyżka soku z cytryny
2 plasterki posiekanego korzenia imbiru
120 ml/4 uncji/½ szklanki ostrego sosu

Wszystkie składniki oprócz sosu chili połączyć, przykryć i marynować w lodówce przez noc. Wyjmij kurczaka z marynaty i smaż na grillu lub grillu przez około 25 minut, obracając i polewając sosem chili podczas gotowania.

Udka Z Kurczaka Hoisin

dla 4 osób

8 udek z kurczaka
600 ml / 1 łyżeczka / 2½ szklanki bulionu z kurczaka
sól i świeżo zmielony pieprz
250 ml/8 uncji uncji / 1 szklanka sosu hoisin
30 ml/2 łyżki mąki pszennej (uniwersalnej)
2 ubite jajka
100 g / 4 uncje / 1 szklanka bułki tartej
olej do smażenia

Udka i bulion włóż na patelnię, zagotuj, przykryj i gotuj przez 20 minut, aż będą ugotowane. Zdejmij kurczaka z patelni i osusz go ręcznikami papierowymi. Kurczaka włóż do miski i dopraw solą i pieprzem. Zalać sosem hoisin i marynować przez 1 godzinę. Odpływ. Obtocz kurczaka w mące, następnie w jajku i bułce tartej, a następnie ponownie w jajku i bułce tartej. Rozgrzej olej i smaż kurczaka przez około 5 minut, aż będzie złocisty. Odsączyć na papierowym ręczniku i podawać na ciepło lub na zimno.

Pieczony kurczak

Na 4 do 6 porcji

75 ml / 5 łyżek oleju arachidowego (orzechowego).

1 kurczak

3 szalotki (zielona cebula), pokrojone w plasterki

3 plasterki korzenia imbiru

120 ml/4 uncji/½ szklanki sosu sojowego

30ml/2 łyżki wina ryżowego lub wytrawnego sherry

5ml/1 łyżeczka cukru

Rozgrzej oliwę z oliwek i podsmaż kurczaka na złoty kolor. Dodaj szalotkę, imbir, sos sojowy i wino lub sherry i zagotuj. Przykryj i gotuj przez 30 minut, od czasu do czasu obracając. Dodaj cukier, przykryj i gotuj przez kolejne 30 minut, aż kurczak będzie ugotowany.

Chrupiący smażony kurczak

dla 4 osób

1 kurczak

sól

30ml/2 łyżki wina ryżowego lub wytrawnego sherry

3 szczypiorki (zielona cebula), pokrojone w kostkę

1 plasterek korzenia imbiru

30ml / 2 łyżki sosu sojowego

30ml / 2 łyżki cukru

5ml/1 łyżeczka całych goździków

5ml/1 łyżeczka soli

5 ml / 1 łyżeczka pieprzu

150 ml / ¼ pkt / ½ obfitej szklanki bulionu z kurczaka

olej do smażenia

1 posiekana sałata

4 pokrojone pomidory

½ pokrojonego ogórka

Kurczaka nacieramy solą i odstawiamy na 3 godziny. Opłucz i włóż do miski. Dodać wino lub sherry, imbir, sos sojowy, cukier, goździki, sól, pieprz i bulion i dobrze wymieszać. Umieść miskę w naczyniu do gotowania na parze, przykryj i gotuj na parze przez około 2 1/2 godziny, aż kurczak będzie ugotowany. Odpływ. Rozgrzej olej, aż zacznie dymić, następnie dodaj kurczaka i smaż na złoty kolor. Smażyć kolejne 5 minut, wyjąć z oleju i odcedzić. Pokrój w plasterki i połóż na ciepłym talerzu. Udekoruj sałatą, pomidorem i ogórkiem, podawaj z sosem winegret z solą i pieprzem.

Cały Smażony Kurczak

Dla 5 osób

1 kurczak
10ml / 2 łyżeczki soli
15 ml/1 łyżka wina ryżowego lub wytrawnego sherry
2 zielone cebule (szczypiorek), przekrojone na pół
3 plasterki korzenia imbiru, pokrojonego w paski
olej do smażenia

Kurczaka osusz i natrzyj skórę solą oraz winem lub sherry. Umieść szalotkę i imbir w zagłębieniu. Kurczaka odwieś do wyschnięcia w chłodnym miejscu na około 3 godziny. Rozgrzej olej i włóż kurczaka do kosza do smażenia. Delikatnie zanurzaj kurczaka w oleju i podsmażaj od wewnątrz i od zewnątrz, aż kurczak lekko się zarumieni. Wyjmij z oleju i pozwól mu lekko ostygnąć, podczas podgrzewania oleju. Smażyć ponownie na złoty kolor. Dobrze odcedź, a następnie pokrój na kawałki.

kurczak w pięciu smakach

Na 4 do 6 porcji

1 kurczak

120 ml / 4 uncji / ½ szklanki sosu sojowego

Posiekany korzeń imbiru o długości 2,5 cm

1 zmiażdżony ząbek czosnku

15 ml / 1 łyżka proszku pięciu smaków

30ml / 2 łyżki wina ryżowego lub wytrawnego sherry

30ml / 2 łyżki miodu

2,5 ml / ½ łyżeczki oleju sezamowego

olej do smażenia

30ml / 2 łyżki soli

5ml / 1 łyżeczka świeżo zmielonego pieprzu

Kurczaka włóż do dużego garnka i zalej wodą do połowy uda. Odlać 15 ml/1 łyżkę sosu sojowego, a resztę dodać na patelnię z imbirem, czosnkiem i połową proszku pięciu przypraw. Doprowadzić do wrzenia, przykryć i gotować na małym ogniu przez 5 minut. Wyłącz ogień i pozwól kurczakowi odpocząć w wodzie, aż woda będzie letnia. Odpływ.

Kurczaka przekrój wzdłuż na pół i ułóż przecięciem do dołu na blasze do pieczenia. Pozostały sos sojowy i proszek pięciu przypraw wymieszaj z winem lub sherry, miodem i olejem sezamowym. Nacieramy powstałą mieszanką kurczaka i odstawiamy na 2 godziny, od czasu do czasu szczotkując mieszanką. Rozgrzej olej i smaż połówki kurczaka przez około 15 minut, aż będą złociste i ugotowane. Odsączyć na papierowym ręczniku i pokroić na porcje.

W międzyczasie wymieszaj sól i pieprz i podgrzewaj na suchej patelni przez około 2 minuty. Podawać z sosem do kurczaka.

Kurczak z imbirem i szczypiorkiem

dla 4 osób

1 kurczak
2 plasterki korzenia imbiru, pokroić w paski
sól i świeżo zmielony pieprz
90ml / 4 łyżki oleju arachidowego
8 szczypiorków (zielona cebula), drobno posiekanych
10 ml / 2 łyżeczki białego octu winnego
5ml/1 łyżeczka sosu sojowego

Umieść kurczaka w dużym garnku, dodaj połowę imbiru i zalej taką ilością wody, aby prawie przykryła kurczaka. Doprawić solą i pieprzem. Doprowadzić do wrzenia, przykryć i gotować przez około 1 godzinę i 15 minut, aż będą miękkie. Pozostaw kurczaka w bulionie, aż ostygnie. Odcedź kurczaka i wstaw do lodówki, aż będzie zimny. Pokrój na porcje.

Pozostały imbir zetrzeć na tarce i wymieszać z oliwą, szczypiorkiem, octem winnym i sosem sojowym, solą i pieprzem. Schłodzić przez 1 godzinę. Kawałki kurczaka włóż do miski i skrop imbirowym winegretem. Podawać z ryżem gotowanym na parze.

gotowany kurczak

dla 4 osób

1 kurczak
1,2 l / 2 punkty / 5 szklanek bulionu z kurczaka lub wody
30ml/2 łyżki wina ryżowego lub wytrawnego sherry
4 zielone cebule (szczypiorek), posiekane
1 plasterek korzenia imbiru
5ml/1 łyżeczka soli

Umieść kurczaka na dużej patelni wraz ze wszystkimi pozostałymi składnikami. Rosół lub woda powinny sięgać do połowy uda. Doprowadzić do wrzenia, przykryć i gotować przez około 1 godzinę, aż kurczak będzie ugotowany. Odcedzić, zachowując bulion do zup.

Czerwony Gotowany Kurczak

dla 4 osób

1 kurczak

250 ml/8 uncji/1 szklanka sosu sojowego

Kurczaka włóż na patelnię, polej sosem sojowym i zalej wodą tak, aby prawie przykryła kurczaka. Doprowadzić do wrzenia, przykryć i gotować, aż kurczak będzie ugotowany, około 1 godziny, od czasu do czasu obracając.

Przyprawiony kurczak gotowany na czerwono

dla 4 osób

2 plasterki korzenia imbiru
2 szczypiorek (zielona cebula)
1 kurczak
3-gwiazdkowy ząbek anyżu
½ laski cynamonu
15 ml / 1 łyżka pieprzu syczuańskiego
75ml / 5 łyżek sosu sojowego
75ml/5 łyżek wina ryżowego lub wytrawnego sherry
75ml / 5 łyżek oleju sezamowego
15ml/1 łyżka cukru

Umieść imbir i szalotkę w jamie kurczaka i umieść kurczaka na patelni. Anyż gwiazdkowaty, cynamon i pieprz zawiązać kawałkiem gazy i wrzucić na patelnię. Polać sosem sojowym, winem lub sherry i olejem sezamowym. Doprowadzić do wrzenia, przykryć i gotować na małym ogniu przez około 45 minut. Dodaj cukier, przykryj i gotuj przez kolejne 10 minut, aż kurczak będzie ugotowany.

Grillowany Kurczak Z Sezamem

dla 4 osób

50 g nasion sezamu

1 drobno posiekana cebula

2 ząbki czosnku, posiekane

10ml / 2 łyżeczki soli

1 suszona czerwona papryka, zmiażdżona

szczypta zmielonych goździków

2,5 ml/½ łyżeczki mielonego kardamonu

2,5 ml/½ łyżeczki mielonego imbiru

75 ml / 5 łyżek oleju arachidowego (orzechowego).

1 kurczak

Połącz wszystkie przyprawy, olej i posmaruj kurczaka. Umieścić w naczyniu do pieczenia i dodać 30 ml/2 łyżki wody do blachy do pieczenia. Piec w piekarniku nagrzanym do 180°C/termostat 4 przez około 2 godziny, polewając i od czasu do czasu obracając kurczaka, aż będzie złocisty i ugotowany. W razie potrzeby dodać trochę więcej wody, aby uniknąć przypalenia.

Kurczak w sosie sojowym

Na 4 do 6 porcji

300 ml / ½ pt / 1 ¼ szklanki sosu sojowego

300 ml / ½ pt / 1 ¼ szklanki wina ryżowego lub wytrawnego sherry

1 posiekana cebula

3 plasterki posiekanego korzenia imbiru

50 g / 2 uncje / ¼ szklanki cukru

1 kurczak

15 ml / 1 łyżka mąki kukurydzianej (skrobi kukurydzianej)

60ml / 4 łyżki wody

1 ogórek, obrany i pokrojony w plasterki

30ml/2 łyżki posiekanej świeżej natki pietruszki

Połącz sos sojowy, wino lub sherry, cebulę, imbir i cukier w rondlu i zagotuj. Dodaj kurczaka, ponownie zagotuj, przykryj i gotuj przez 1 godzinę, od czasu do czasu obracając kurczaka, aż będzie ugotowany. Kurczaka przełóż na ciepły półmisek i pokrój w plasterki. Wlej całość oprócz 250 ml/8 uncji/1 szklanki płynu z gotowania i ponownie zagotuj. Połącz mąkę kukurydzianą z wodą, aż powstanie pasta, wlej ją na patelnię i gotuj, mieszając, aż sos się rozrzedzi i zgęstnieje. Posmaruj kurczaka sosem i udekoruj ogórkiem i natką pietruszki. Resztę sosu podawaj osobno.

kurczak na parze

dla 4 osób

1 kurczak
45ml/3 łyżki wina ryżowego lub wytrawnego sherry
sól
2 plasterki korzenia imbiru
2 szczypiorek (zielona cebula)
250 ml/8 uncji uncji/1 szklanka bulionu z kurczaka

Kurczaka włóż do żaroodpornej miski, natrzyj winem lub sherry i solą, a następnie włóż imbir i szczypiorek do wnętrza. Miskę postaw na drucianej kratce w naczyniu do gotowania na parze, przykryj i gotuj we wrzącej wodzie przez około 1 godzinę, aż będzie ugotowana. Podawać na gorąco lub na zimno.

Kurczak Na Parze Z Koperkiem

dla 4 osób

250 ml/8 uncji/1 szklanka sosu sojowego

250 ml/8 uncji/1 szklanka wody

15 ml / 1 łyżka brązowego cukru

ząbek anyżu 4 gwiazdki

1 kurczak

Połącz sos sojowy, wodę, cukier i koper włoski na patelni i zagotuj na małym ogniu. Umieść kurczaka w misce i posmaruj mieszanką wewnątrz i na zewnątrz. Podgrzej ponownie mieszaninę i powtórz. Umieść kurczaka w żaroodpornej misce. Miskę postaw na drucianej kratce w naczyniu do gotowania na parze, przykryj i gotuj we wrzącej wodzie przez około 1 godzinę, aż będzie ugotowana.

dziwnie smakujący kurczak

dla 4 osób

1 kurczak

5 ml / 1 łyżka. posiekany korzeń imbiru

5ml/1 łyżeczka mielonego czosnku

45ml/3 łyżki gęstego sosu sojowego

5ml/1 łyżeczka cukru

2,5 ml/½ łyżeczki octu winnego

10 ml / 2 łyżeczki sosu sezamowego

5ml/1 łyżeczka świeżo zmielonego pieprzu

10ml/2 łyżeczki oleju chili

½ posiekanej sałaty

15 ml / 1 łyżka posiekanej świeżej kolendry

Umieść kurczaka na patelni i zalej wodą, aż sięga połowy ud kurczaka. Doprowadzić do wrzenia, przykryć i gotować około 1 godziny, aż kurczak będzie miękki. Zdjąć z patelni, dobrze odsączyć i namoczyć w lodowatej wodzie, aż mięso całkowicie ostygnie. Dobrze odcedź i pokrój na 5 cm/2 kawałki. Wymieszaj pozostałe składniki i polej kurczaka. Podawać udekorowane sałatą i kolendrą.

chrupiące kawałki kurczaka

dla 4 osób

100 g mąki zwykłej (uniwersalnej)

szczypta soli

15ml / 1 łyżka wody

1 jajko

350 g gotowanego kurczaka pokrojonego w kostkę

olej do smażenia

Wymieszaj mąkę, sól, wodę i jajko, aż uzyskasz bardzo sztywne ciasto, w razie potrzeby dodając odrobinę wody. Zanurzaj kawałki kurczaka w cieście, aż będą dobrze pokryte. Rozgrzej olej, aż będzie bardzo gorący i smaż kurczaka przez kilka minut, aż będzie chrupiący i złocisty.

Kurczak Z Fasolką Zieloną

dla 4 osób

45 ml / 3 łyżki oleju arachidowego (orzechowego).
450 g/1 funt gotowanego kurczaka, posiekanego
5ml/1 łyżeczka soli
2,5 ml/½ łyżeczki świeżo zmielonego pieprzu
225 g zielonej fasolki, pokrojonej na kawałki
1 łodyga selera, przecięta ukośnie
225 g grzybów pokrojonych w plasterki
250 ml/8 uncji uncji/1 szklanka bulionu z kurczaka
30ml / 2 łyżki mąki kukurydzianej (skrobi kukurydzianej)
60ml / 4 łyżki wody
10ml/2 łyżeczki sosu sojowego

Rozgrzej olej i podsmaż kurczaka, dopraw solą i pieprzem, aż się lekko zrumieni. Dodać fasolę, seler i grzyby i dobrze wymieszać. Dodać bulion, doprowadzić do wrzenia, przykryć i gotować na wolnym ogniu przez 15 minut. Połącz mąkę kukurydzianą, wodę i sos sojowy, aż powstanie pasta, wlej ją na patelnię i gotuj, mieszając, aż sos się rozrzedzi i zgęstnieje.

Pieczony Kurczak Z Ananasem

dla 4 osób

45 ml / 3 łyżki oleju arachidowego (orzechowego).
225 g gotowanego kurczaka, pokrojonego w kostkę
sól i świeżo zmielony pieprz
2 łodygi selera pokrojone ukośnie
3 plasterki ananasa, pokrojone na kawałki
120 ml/4 uncji/½ szklanki bulionu z kurczaka
15ml/1 łyżka sosu sojowego
10ml / 2 łyżki mąki kukurydzianej (skrobi kukurydzianej)
30ml / 2 łyżki wody

Rozgrzej oliwę z oliwek i smaż kurczaka, aż się lekko zrumieni. Dopraw solą i pieprzem, dodaj seler i smaż przez 2 minuty. Dodaj ananasa, bulion i sos sojowy i mieszaj przez kilka minut, aż się rozgrzeją. Połącz mąkę kukurydzianą z wodą, aż powstanie pasta, wlej ją na patelnię i gotuj, mieszając, aż sos się rozrzedzi i zgęstnieje.

Kurczak Z Papryką I Pomidorami

dla 4 osób

45 ml / 3 łyżki oleju arachidowego (orzechowego).
450 g/1 funt gotowanego kurczaka, pokrojonego w plasterki
10ml / 2 łyżeczki soli
5ml/1 łyżeczka świeżo zmielonego pieprzu
1 zielona papryka pokrojona na kawałki
4 duże pomidory, obrane ze skóry i pokrojone na ćwiartki
250 ml/8 uncji uncji/1 szklanka bulionu z kurczaka
30ml / 2 łyżki mąki kukurydzianej (skrobi kukurydzianej)
15ml/1 łyżka sosu sojowego
120 ml/4 uncji/½ szklanki wody

Rozgrzej olej i podsmaż kurczaka, dopraw solą i pieprzem na złoty kolor. Dodaj paprykę i pomidory. Wlać bulion, doprowadzić do wrzenia, przykryć i gotować na wolnym ogniu przez 15 minut. Wymieszaj mąkę kukurydzianą, sos sojowy i wodę, aż powstanie pasta, wlej ją na patelnię i gotuj, mieszając, aż sos się rozrzedzi i zgęstnieje.

Sezamowy Kurczak

dla 4 osób

450 g ugotowanego kurczaka, pokrojonego w paski
2 plasterki posiekanego imbiru
1 szczypiorek (zielona cebula), drobno posiekany
sól i świeżo zmielony pieprz
60ml/4 łyżki wina ryżowego lub wytrawnego sherry
60ml / 4 łyżki oleju sezamowego
10ml / 2 łyżeczki cukru
5 ml / 1 łyżeczka octu winnego
150 ml / ¼ pt / obfite ½ szklanki sosu sojowego

Ułóż kurczaka na talerzu i posyp imbirem, szczypiorkiem, solą i pieprzem. Połącz wino lub sherry, olej sezamowy, cukier, ocet winny i sos sojowy. Polej kurczaka.

smażone pisklęta

dla 4 osób

2 pisklęta, przekrojone na pół
45ml / 3 łyżki sosu sojowego
45ml/3 łyżki wina ryżowego lub wytrawnego sherry
120 ml / 4 uncje / ½ szklanki oleju arachidowego
1 szczypiorek (zielona cebula), drobno posiekany
30ml / 2 łyżki bulionu z kurczaka
10ml / 2 łyżeczki cukru
5ml/1 łyżeczka oleju chili
5ml/1 łyżeczka pasty czosnkowej
sól i pieprz

Umieść pisklęta w misce. Połącz sos sojowy z winem lub sherry, polej pisklęta, przykryj i marynuj przez 2 godziny, często polewając. Rozgrzej olej i smaż pisklęta przez około 20 minut, aż będą ugotowane. Zdjąć je z patelni i rozgrzać olej. Włóż je z powrotem na patelnię i smaż na złoty kolor. Spuścić większość oleju. Pozostałe składniki wymieszać, dodać na patelnię i szybko podgrzać. Przed podaniem polej pisklęta.

Türkiye z mangetoutem

dla 4 osób

60ml / 4 łyżki oleju arachidowego

2 zielone cebule (szczypiorek), posiekane

2 zmiażdżone ząbki czosnku

1 plasterek posiekanego korzenia imbiru

225 g piersi z indyka pokrojonej w paski

225 g groszku

100 g pędów bambusa pokrojonych w paski

50 g kasztanów wodnych, pokrojonych w paski

45ml / 3 łyżki sosu sojowego

15 ml/1 łyżka wina ryżowego lub wytrawnego sherry

5ml/1 łyżeczka cukru

5ml/1 łyżeczka soli

15 ml / 1 łyżka mąki kukurydzianej (skrobi kukurydzianej)

Rozgrzej 45 ml/3 łyżki oliwy z oliwek i podsmaż cebulę dymkę, czosnek i imbir, aż się lekko zrumienią. Dodaj indyka i smaż przez 5 minut. Zdjąć z patelni i odstawić. Rozgrzej pozostały olej i smaż groszek, pędy bambusa i kasztany wodne przez 3 minuty. Dodaj sos sojowy, wino lub sherry, cukier i sól i włóż indyka z powrotem na patelnię. Brązuj przez 1 minutę. Kaszę kukurydzianą wymieszać z odrobiną wody, wlać na patelnię i podgrzewać na małym ogniu, mieszając, aż sos się rozrzedzi i zgęstnieje.

Indyk z Papryką

dla 4 osób

4 suszone grzyby chińskie

30ml / 2 łyżki oleju arachidowego

1 bok choy pokrojony w paski

350 g wędzonego indyka, pokrojonego w paski

1 pokrojona cebula

1 czerwona papryka pokrojona w paski

1 zielona papryka pokrojona w paski

120 ml/4 uncji/½ szklanki bulionu z kurczaka

30ml / 2 łyżki przecieru pomidorowego (pasty)

45 ml / 3 łyżki octu winnego

30ml / 2 łyżki sosu sojowego

15ml/1 łyżka sosu hoisin

10ml / 2 łyżeczki mąki kukurydzianej (skrobi kukurydzianej)

kilka kropli olejku chili

Grzyby namoczyć w ciepłej wodzie przez 30 minut, a następnie odcedzić. Odrzuć łodygi, a górę pokrój w paski. Rozgrzać połowę oleju i smażyć kapustę przez około 5 minut lub do momentu, aż będzie ugotowana. Wyjąć z formy. Dodaj indyka i smaż przez 1 minutę. Dodaj warzywa i smaż przez 3 minuty. Bulion wymieszać z przecierem pomidorowym, octem winnym i sosami i dodać do garnka z kapustą. Mąkę kukurydzianą wymieszać z odrobiną wody, wlać na patelnię i zagotować, mieszając. Skropić olejem chili i smażyć na małym ogniu przez 2 minuty, ciągle mieszając.

chiński pieczony indyk

Dla 8 do 10 osób

1 mały indyk

600 ml / 1 pkt / 2½ szklanki gorącej wody

10 ml / 2 łyżeczki ziela angielskiego

500 ml/16 uncji/2 szklanki sosu sojowego

5ml/1 łyżeczka oleju sezamowego
10ml / 2 łyżeczki soli
45ml / 3 łyżki masła

Indyka włóż na patelnię i zalej gorącą wodą. Dodać pozostałe składniki oprócz masła i odstawić na 1 godzinę, kilkakrotnie obracając. Wyjmij indyka z płynu i posmaruj masłem. Ułożyć na blasze do pieczenia, przykryć lekko papierowym ręcznikiem i wstawić do nagrzanego piekarnika na 160°C/325°F/termostat 3 na około 4 godziny, od czasu do czasu polewając płynnym sosem sojowym. Zdejmij folię i obierz skórkę na ostatnie 30 minut gotowania.

Indyk z Orzechami Włoskimi i Pieczarkami

dla 4 osób
450 g/1 funt filetu z piersi indyka
sól i pieprz
sok z 1 pomarańczy
15ml/1 łyżka mąki zwykłej (uniwersalnej)

12 czarnych orzechów włoskich marynowanych w soku
5ml / 1 łyżeczka mąki kukurydzianej (skrobi kukurydzianej)
15ml/1 łyżka oleju arachidowego
2 cebule dymki (zielona cebula), pokrojone w kostkę
225 g grzybów
45ml/3 łyżki wina ryżowego lub wytrawnego sherry
10ml/2 łyżeczki sosu sojowego
50 g / 2 uncje / ½ szklanki masła
25 g/1 uncja orzeszków piniowych

Indyka pokroić w plastry o grubości 1/2 cm. Posypać solą, pieprzem i sokiem pomarańczowym i oprószyć mąką. Odcedź i przekrój orzechy na pół, zachowaj płyn i wymieszaj go ze skrobią kukurydzianą. Rozgrzej olej i smaż indyka na złoty kolor. Dodaj cebulę i grzyby i smaż przez 2 minuty. Dodaj wino lub sherry i sos sojowy i gotuj przez 30 sekund. Dodaj orzechy do mieszanki mąki kukurydzianej, włóż je na patelnię i zagotuj. Dodaj masło w małych płatkach, ale nie pozwól mu się zagotować. Orzeszki piniowe prażymy na suchej patelni na złoty kolor.

kaczka z pędem bambusa

dla 4 osób

6 suszonych grzybów chińskich
1 kaczka
50 g szynki wędzonej, pokrojonej w paski
100 g pędów bambusa pokrojonych w paski
2 szczypiorek (zielona cebula), pokrojony w paski
2 plasterki korzenia imbiru, pokroić w paski
5ml/1 łyżeczka soli

Grzyby namoczyć w ciepłej wodzie przez 30 minut, a następnie odcedzić. Odrzuć łodygi, a górę pokrój w paski. Umieść wszystkie składniki w żaroodpornej misce i włóż do garnka z wodą, aż miska będzie wypełniona w dwóch trzecich. Doprowadzić do wrzenia, przykryć i gotować na małym ogniu przez około 2 godziny, aż kaczka będzie ugotowana, w razie potrzeby dodając więcej wrzącej wody.

Kaczka z kiełkami fasoli

dla 4 osób

225 g kiełków fasoli
45 ml / 3 łyżki oleju arachidowego (orzechowego).
450 g/1 funt gotowanego mięsa z kaczki

15 ml / 1 łyżka sosu ostrygowego
15 ml/1 łyżka wina ryżowego lub wytrawnego sherry
30ml / 2 łyżki wody
2,5 ml / ½ łyżeczki soli

Kiełki fasoli blanszować we wrzącej wodzie przez 2 minuty, następnie odcedzić. Rozgrzej olej, smaż kiełki fasoli przez 30 sekund. Dodaj kaczkę i smaż, aż się rozgrzeje. Dodać resztę składników i smażyć 2 minuty do połączenia smaków. Natychmiast podawaj.

duszona kaczka

dla 4 osób

4 zielone cebule (szczypiorek), posiekane
1 plasterek posiekanego korzenia imbiru
120 ml/4 uncji/½ szklanki sosu sojowego
30ml/2 łyżki wina ryżowego lub wytrawnego sherry
1 kaczka

120 ml / 4 uncje / ½ szklanki oleju arachidowego
600 ml / 1 pkt / 2½ szklanki wody
15 ml / 1 łyżka brązowego cukru

Połącz dymkę, imbir, sos sojowy i wino lub sherry i natrzyj kaczkę wewnątrz i na zewnątrz. Rozgrzej olej i smaż kaczkę, aż będzie lekko rumiana ze wszystkich stron. Spuścić olej. Dodać wodę i pozostałą mieszaninę sosu sojowego, doprowadzić do wrzenia, przykryć i gotować na wolnym ogniu przez 1 godzinę. Dodać cukier, przykryć i gotować kolejne 40 minut, aż kaczka będzie miękka.

Kaczka na parze z selerem

dla 4 osób
350 g gotowanej kaczki, pokrojonej w plasterki
1 główka selera
250 ml/8 uncji uncji/1 szklanka bulionu z kurczaka
2,5 ml / ½ łyżeczki soli
5ml/1 łyżeczka oleju sezamowego

1 pomidor pokrojony w plasterki

Połóż kaczkę na grillu parowym. Seler pokroić na kawałki o długości 7,5 cm / 3 długości i umieścić je na patelni. Wlać bulion, doprawić solą i postawić naczynie do gotowania na parze na patelni. Bulion zagotować i gotować około 15 minut, aż seler będzie miękki, a kaczka gorąca. Ułóż kaczkę i seler na rozgrzanym talerzu, skrop seler olejem sezamowym i podawaj udekorowany plasterkami pomidora.

kaczka imbirowa

dla 4 osób

350 g piersi z kaczki pokrojonej w cienkie plasterki
1 lekko ubite jajko
5ml/1 łyżeczka sosu sojowego
5ml / 1 łyżeczka mąki kukurydzianej (skrobi kukurydzianej)
5ml/1 łyżeczka oleju arachidowego
olej do smażenia

50g pędów bambusa

50 g groszku

2 plasterki posiekanego korzenia imbiru

15ml / 1 łyżka wody

2,5 ml / ½ łyżeczki cukru

2,5 ml/½ łyżeczki wina ryżowego lub wytrawnego sherry

2,5 ml/½ łyżeczki oleju sezamowego

Wymieszaj kaczkę z jajkiem, sosem sojowym, skrobią kukurydzianą i oliwą z oliwek i odstaw na 10 minut. Rozgrzej olej i smaż kaczkę oraz pędy bambusa, aż będą ugotowane i złociste. Zdjąć z patelni i dobrze odsączyć. Wlać z patelni wszystko oprócz 15 ml/1 łyżkę oleju i smażyć kaczkę, pędy bambusa, groszek, imbir, wodę, cukier i wino lub sherry przez 2 minuty. Podawać skropione olejem sezamowym.

Kaczka z fasolką szparagową

dla 4 osób

1 kaczka

60ml / 4 łyżki oleju arachidowego

2 zmiażdżone ząbki czosnku

2,5 ml / ½ łyżeczki soli

1 posiekana cebula

15 ml/1 łyżka startego korzenia imbiru

45ml / 3 łyżki sosu sojowego

120 ml/4 uncji/½ szklanki wina ryżowego lub wytrawnego sherry

60 ml / 4 łyżki sosu pomidorowego (ketchupu)

45 ml / 3 łyżki octu winnego

300 ml / ½ pt / 1¼ szklanki bulionu z kurczaka

450 g zielonej fasolki pokrojonej w plasterki

szczypta świeżo zmielonego pieprzu

5 kropli olejku chili

15 ml / 1 łyżka mąki kukurydzianej (skrobi kukurydzianej)

30ml / 2 łyżki wody

Kaczkę pokroić na 8 do 10 kawałków. Rozgrzej olej i smaż kaczkę na złoty kolor. Przełożyć do miski. Dodać czosnek, sól, cebulę, imbir, sos sojowy, wino lub sherry, sos pomidorowy i ocet winny. Wymieszać, przykryć i odstawić do marynowania w lodówce na 3 godziny.

Rozgrzej olej, dodaj kaczkę, bulion i marynatę, zagotuj, przykryj i gotuj przez 1 godzinę. Dodać fasolę, przykryć i gotować 15 minut. Dodać pieprz i olej chili. Kaszę kukurydzianą wymieszać z wodą, wlać na patelnię i podgrzewać na małym ogniu, mieszając, aż sos zgęstnieje.

kaczka smażona na parze

dla 4 osób

1 kaczka

sól i świeżo zmielony pieprz

olej do smażenia

sos hoisin

Kaczkę dopraw solą i pieprzem i włóż do żaroodpornej miski. Włożyć do garnka z wodą do wysokości dwóch trzecich wysokości pojemnika, doprowadzić do wrzenia, przykryć i gotować około 1,30 godziny, aż kaczka będzie miękka. Odcedzić i ostudzić.

Rozgrzej olej i smaż kaczkę, aż będzie chrupiąca i złocista. Wyjąć i dobrze odsączyć. Pokrój na małe kawałki i podawaj z sosem hoisin.

Kaczka Z Egzotycznymi Owocami

dla 4 osób

4 piersi z kaczki pokrojone w paski

2,5 ml/½ łyżeczki proszku pięciu smaków

30ml / 2 łyżki sosu sojowego

15ml/1 łyżka oleju sezamowego

15ml/1 łyżka oleju arachidowego

3 łodygi selera pokrojone w kostkę

2 plasterki pokrojonego w kostkę ananasa

100 g melona pokrojonego w kostkę

100 g liczi, przekrojone na pół

130 ml/4 uncji/½ szklanki bulionu z kurczaka

30ml / 2 łyżki przecieru pomidorowego (pasty)

30ml / 2 łyżki sosu hoisin

10ml/2 łyżeczki octu winnego

szczypta brązowego cukru

Umieść kaczkę w misce. Wymieszaj proszek pięciu przypraw, sos sojowy i olej sezamowy, polej kaczkę i marynuj przez 2 godziny, od czasu do czasu mieszając. Rozgrzej olej i smaż kaczkę przez 8 minut. Wyjąć z formy. Dodaj seler i owoce i smaż przez 5 minut. Kaczkę włóż ponownie na patelnię z pozostałymi składnikami, zagotuj i gotuj, mieszając, przez 2 minuty przed podaniem.

Pieczona Kaczka Z Chińskimi Liśćmi

dla 4 osób

1 kaczka

30ml/2 łyżki wina ryżowego lub wytrawnego sherry

30ml / 2 łyżki sosu hoisin

15 ml / 1 łyżka mąki kukurydzianej (skrobi kukurydzianej)

5ml/1 łyżeczka soli

5ml/1 łyżeczka cukru

60ml / 4 łyżki oleju arachidowego

4 zielone cebule (szczypiorek), posiekane

2 zmiażdżone ząbki czosnku

1 plasterek posiekanego korzenia imbiru

75ml / 5 łyżek sosu sojowego

600 ml / 1 pkt / 2½ szklanki wody

225 g liści chińskich, posiekanych

Kaczkę pokroić na około 6 kawałków. Połącz wino lub sherry, sos hoisin, skrobię kukurydzianą, sól i cukier i natrzyj kaczkę. Odstaw na 1 godzinę. Rozgrzej oliwę z oliwek i podsmaż przez kilka sekund szczypiorek, czosnek i imbir. Dodaj kaczkę i smaż, aż lekko się zarumieni ze wszystkich stron. odsączyć nadmiar tłuszczu. Zalewamy sosem sojowym i wodą, doprowadzamy do wrzenia, przykrywamy i gotujemy około 30 minut. Dodaj liście chińskie, ponownie przykryj i gotuj przez kolejne 30 minut, aż kaczka będzie miękka.

pijana kaczka

dla 4 osób

2 zielone cebule (szczypiorek), posiekane
2 ząbki czosnku, posiekane
1,5 l / 2½ punktu / 6 szklanek wody
1 kaczka
450 ml / ¾ pt / 2 szklanki wina ryżowego lub wytrawnego sherry

Do dużego garnka włóż szczypiorek, czosnek i wodę i zagotuj. Dodaj kaczkę, ponownie zagotuj, przykryj i gotuj na wolnym ogniu przez 45 minut. Dobrze odcedzić, zachowując płyn na bulion. Pozwól kaczce ostygnąć i wstaw do lodówki na noc. Kaczkę pokroić na kawałki i umieścić w dużym słoju z zakręcaną pokrywką. Wlać wino lub sherry i przechowywać w lodówce przez około 1 tydzień, a następnie odcedzić i podawać na zimno.

kaczka w pięciu smakach

dla 4 osób

150 ml / ¼ pt / hojne ½ szklanki wina ryżowego lub wytrawnego sherry

150 ml / ¼ pt / obfite ½ szklanki sosu sojowego

1 kaczka

10ml/2 łyżeczki proszku pięciu przypraw

Zagotuj wino lub sherry i sos sojowy. Dodać kaczkę i smażyć, mieszając, przez około 5 minut. Zdejmij kaczkę z patelni i wetrzyj w skórę proszek pięciu smaków. Włóż ptaki z powrotem na patelnię i dodaj tyle wody, aby przykryła połowę kaczki. Doprowadzić do wrzenia, przykryć i gotować na małym ogniu przez około 1 1/2 godziny, aż kaczka będzie miękka, często ją obracając i polewając. Kaczkę pokroić na 5 cm/2 kawałki i podawać na ciepło lub na zimno.

Kaczka smażona z imbirem

dla 4 osób

1 kaczka
2 plasterki startego korzenia imbiru
2 zielone cebule (szczypiorek), posiekane
15 ml / 1 łyżka mąki kukurydzianej (skrobi kukurydzianej)
30ml / 2 łyżki sosu sojowego
30ml/2 łyżki wina ryżowego lub wytrawnego sherry
2,5 ml / ½ łyżeczki soli
45 ml / 3 łyżki oleju arachidowego (orzechowego).

Usuń mięso z kości i pokrój je na kawałki. Mięso wymieszać ze wszystkimi pozostałymi składnikami oprócz oliwy z oliwek. Odstaw na 1 godzinę. Rozgrzej oliwę i smaż kaczkę w marynacie przez około 15 minut, aż będzie miękka.

Kaczka Z Szynką I Porem

dla 4 osób

1 kaczka

450 g/1 funt szynki wędzonej

2 pory

2 plasterki posiekanego korzenia imbiru

45ml/3 łyżki wina ryżowego lub wytrawnego sherry

45ml / 3 łyżki sosu sojowego

2,5 ml / ½ łyżeczki soli

Kaczkę włóż na patelnię i zalej zimną wodą. Doprowadzić do wrzenia, przykryć i gotować na małym ogniu przez około 20 minut. Odcedź i zachowaj 450 ml / ¾ pkt. / 2 szklanki bulionu. Kaczkę lekko przestudzić, usunąć mięso z kości i pokroić w kwadraty o boku 5 cm. Szynkę pokroić na podobne kawałki. Pokroić długie kawałki pora, zawinąć w folię plasterek kaczki i szynki i zawiązać sznurkiem. Umieścić w żaroodpornym pojemniku. Do przygotowanego bulionu dodaj imbir, wino lub sherry, sos sojowy i sól i polej roladki z kaczki. Umieść miskę na patelni wypełnionej wodą, tak aby sięgała do dwóch trzecich wysokości boków miski. Doprowadzić do wrzenia,

pieczona kaczka z miodem

dla 4 osób

1 kaczka

sól

3 zmiażdżone ząbki czosnku

3 zielone cebule (szczypiorek), posiekane

45ml / 3 łyżki sosu sojowego

45ml/3 łyżki wina ryżowego lub wytrawnego sherry

45ml / 3 łyżki miodu

200 ml / 7 uncji / tylko 1 szklanka wrzącej wody

Wysusz kaczkę i natrzyj solą wewnątrz i na zewnątrz. Połącz czosnek, szczypiorek, sos sojowy i wino lub sherry i podziel mieszaninę na pół. Miód wymieszać na pół, posmarować nim kaczkę i pozostawić do wyschnięcia. Do pozostałej mieszanki miodu dodaj wodę. Wlać mieszaninę sosu sojowego do wnętrza kaczki i umieścić ją na drucianej kratce w brytfance z odrobiną wody na dnie. Piec w piekarniku nagrzanym do 180°C/350°F/termostat 4 przez około 2 godziny, aż kaczka będzie miękka, polewając pozostałą mieszanką miodu.

mokra pieczona kaczka

dla 4 osób

6 szczypiorków (zielona cebula), posiekanych
2 plasterki posiekanego korzenia imbiru
1 kaczka
2,5 ml / ½ łyżeczki mielonego anyżu
15ml/1 łyżka cukru
45ml/3 łyżki wina ryżowego lub wytrawnego sherry
60ml / 4 łyżki sosu sojowego
250 ml/8 uncji/1 szklanka wody

Na dużej patelni o grubym dnie włóż połowę szczypiorku i imbiru. Resztę włóż do wnęki kaczki i włóż na patelnię. Dodaj wszystkie pozostałe składniki oprócz sosu hoisin, zagotuj, przykryj i gotuj przez około 1 1/2 godziny, od czasu do czasu obracając. Wyjmij kaczkę z patelni i pozostaw do wyschnięcia na około 4 godziny.

Połóż kaczkę na drucianej kratce w brytfance z odrobiną zimnej wody. Piec w piekarniku nagrzanym do 230°C/450°F/termostat 8 przez 15 minut, następnie odwrócić i piec przez kolejne 10 minut, aż będą chrupiące. W międzyczasie podgrzej zarezerwowany płyn i polej nim kaczkę i podawaj.

Kaczka smażona z grzybami

dla 4 osób

1 kaczka

75 ml / 5 łyżek oleju arachidowego (orzechowego).

45ml/3 łyżki wina ryżowego lub wytrawnego sherry

15ml/1 łyżka sosu sojowego

15ml/1 łyżka cukru

5ml/1 łyżeczka soli

szczypta pieprzu

2 zmiażdżone ząbki czosnku

225 g grzybów przekrojonych na połówki

600 ml / 1 łyżeczka / 2½ szklanki bulionu z kurczaka

15 ml / 1 łyżka mąki kukurydzianej (skrobi kukurydzianej)

30ml / 2 łyżki wody

5ml/1 łyżeczka oleju sezamowego

Kaczkę pokroić na 5 cm/2 kawałki, rozgrzać 45 ml/3 łyżki oleju i smażyć kaczkę do lekkiego zarumienienia ze wszystkich stron. Dodać wino lub sherry, sos sojowy, cukier, sól i pieprz i gotować przez 4 minuty. Wyjąć z formy. Rozgrzej pozostałą oliwę z oliwek i podsmaż czosnek, aż się lekko zrumieni. Dodaj grzyby i mieszaj, aż pokryją się olejem, następnie włóż mieszaninę kaczki z powrotem na patelnię i dodaj bulion. Doprowadzić do wrzenia, przykryć i gotować na małym ogniu przez około 1 godzinę, aż kaczka będzie miękka. Wymieszaj mąkę kukurydzianą z wodą, aż powstanie pasta, następnie dodaj ją do mieszanki i doprowadzaj do wrzenia, mieszając, aż sos zgęstnieje. Skropić olejem sezamowym i podawać.

kaczka z dwoma grzybami

dla 4 osób

6 suszonych grzybów chińskich
1 kaczka
750 ml / 1 ¼ pkt. / 3 szklanki bulionu z kurczaka
45ml/3 łyżki wina ryżowego lub wytrawnego sherry
5ml/1 łyżeczka soli
100 g pędów bambusa pokrojonych w paski
100 g grzybów

Grzyby namoczyć w ciepłej wodzie przez 30 minut, a następnie odcedzić. Odrzuć łodygi, a końcówki przetnij na pół. Umieść kaczkę w dużej żaroodpornej misce z bulionem, winem lub sherry i solą, a następnie umieść ją na patelni wypełnionej wodą tak, aby sięgała do dwóch trzecich wysokości miski. Doprowadzić do wrzenia, przykryć i gotować na małym ogniu przez około 2 godziny, aż kaczka będzie miękka. Zdjąć z patelni i oddzielić mięso od kości. Przelej płyn z gotowania do osobnego garnka. Na dnie naczynia do gotowania na parze ułóż pędy bambusa i oba rodzaje grzybów, włóż mięso z kaczki, przykryj i gotuj na parze przez kolejne 30 minut. Zagotuj płyn z gotowania i zalej kaczkę, podawaj.

Kaczka duszona z cebulą

dla 4 osób

4 suszone grzyby chińskie
1 kaczka
90ml / 6 łyżek sosu sojowego
60ml / 4 łyżki oleju arachidowego
1 posiekany szczypiorek (zielona cebula).
1 plasterek posiekanego korzenia imbiru
45ml/3 łyżki wina ryżowego lub wytrawnego sherry
1 funt/450 g pokrojonej cebuli
100 g pędów bambusa, pokrojonych w plasterki
15 ml / 1 łyżka brązowego cukru
15 ml / 1 łyżka mąki kukurydzianej (skrobi kukurydzianej)
45ml / 3 łyżki wody

Grzyby namoczyć w ciepłej wodzie przez 30 minut, a następnie odcedzić. Odrzuć łodygi i odetnij końcówki. Nasmaruj kaczkę 15 ml/1 łyżką sosu sojowego. Zarezerwuj 15 ml/1 łyżkę oliwy z oliwek, rozgrzej pozostałą oliwę i podsmaż cebulę dymkę i imbir, aż się lekko zrumienią. Dodaj kaczkę i smaż, aż lekko się zarumieni ze wszystkich stron. Eliminuje nadmiar tłuszczu. Dodaj wino lub sherry, pozostały sos sojowy na patelni i tyle wody, aby prawie przykryła kaczkę. Doprowadzić do wrzenia, przykryć i gotować na małym ogniu przez 1 godzinę, od czasu do czasu obracając.

Rozgrzej pozostałą oliwę z oliwek i podsmaż cebulę, aż będzie miękka. Zdejmij z ognia, dodaj pędy bambusa i grzyby, następnie dodaj do kaczki, przykryj i gotuj przez kolejne 30 minut, aż kaczka będzie miękka. Zdejmij kaczkę z patelni, pokrój ją na kawałki i połóż na rozgrzanym talerzu. Doprowadzić płyny na patelni do wrzenia, dodać cukier i skrobię kukurydzianą i gotować, mieszając, aż mieszanina zagotuje się i zgęstnieje. Polej kaczkę i podawaj.

kaczka z pomarańczą

dla 4 osób

1 kaczka
3 szalotki (zielona cebula), pokrojone na kawałki
2 plasterki korzenia imbiru, pokroić w paski
1 plasterek skórki pomarańczowej
sól i świeżo zmielony pieprz

Kaczkę włóż do dużego rondla, zalej wodą i zagotuj. Dodać nową cebulę, imbir i skórkę pomarańczową, przykryć i dusić około 1h30, aż kaczka będzie miękka. Dopraw solą i pieprzem, odcedź i podawaj.

Pieczona Kaczka Z Pomarańczą

dla 4 osób

1 kaczka
2 ząbki czosnku przekrojone na pół
45 ml / 3 łyżki oleju arachidowego (orzechowego).
1 cebula
1 pomarańcza
120 ml/4 uncji/½ szklanki wina ryżowego lub wytrawnego sherry
2 plasterki posiekanego korzenia imbiru
5ml/1 łyżeczka soli

Natrzyj czosnek wewnątrz i na zewnątrz kaczki i posmaruj oliwą z oliwek. Obraną cebulę posiekać widelcem, wraz z nieobraną pomarańczą włożyć ją do wnętrza kaczki i zamknąć wykałaczką. Połóż kaczkę na stojaku nad blachą do pieczenia z odrobiną gorącej wody i włóż do nagrzanego piekarnika na 160°C/325°F/termostat 3 na około 2 godziny. Odlej płyn i włóż kaczkę z powrotem na brytfannę. Wlać wino lub sherry i posypać imbirem i solą. Wróć do piekarnika na kolejne 30 minut. Wyrzuć cebulę i pomarańczę, a kaczkę pokrój na kawałki i podawaj. Polać kaczkę powstałym sosem i podawać.

Kaczka Z Gruszkami I Kasztanami

dla 4 osób

8 uncji/225 g kasztanów łuskanych

1 kaczka

45 ml / 3 łyżki oleju arachidowego (orzechowego).

250 ml/8 uncji uncji/1 szklanka bulionu z kurczaka

45ml / 3 łyżki sosu sojowego

15 ml/1 łyżka wina ryżowego lub wytrawnego sherry

5ml/1 łyżeczka soli

1 plasterek posiekanego korzenia imbiru

1 duża gruszka, obrana i pokrojona w grube plasterki

15ml/1 łyżka cukru

Gotuj kasztany przez 15 minut i odcedź je. Kaczkę pokroić na 5 cm / 2 kawałki, rozgrzać olej i smażyć kaczkę, aż lekko się zarumieni ze wszystkich stron. Odcedź nadmiar oleju, dodaj bulion, sos sojowy, wino lub sherry, sól i imbir. Doprowadzić do wrzenia, przykryć i gotować przez 25 minut, od czasu do czasu mieszając. Dodać kasztany, przykryć i gotować kolejne 15 minut. Gruszkę posypać cukrem, włożyć na patelnię i smażyć około 5 minut, aż się zarumieni.

dziobiąca kaczka

do 6

1 kaczka
250 ml/8 uncji/1 szklanka wody
120 ml/4 uncji/½ szklanki miodu
120 ml/4 uncji/½ szklanki oleju sezamowego
Na naleśniki:
250 ml/8 uncji/1 szklanka wody
225 g / 8 uncji / 2 szklanki mąki zwykłej (uniwersalnej)
olej arachidowy do smażenia

Do sosów:

120 ml/4 uncji/½ szklanki sosu hoisin
30 ml / 2 łyżki brązowego cukru
30ml / 2 łyżki sosu sojowego
5ml/1 łyżeczka oleju sezamowego
6 szalotek (zielona cebula), pociętych wzdłuż
1 ogórek pokrojony w paski

Kaczka musi być cała i mieć nienaruszoną skórę. Zawiąż mocno szyję sznurkiem i zszyj lub przewlecz dolny otwór. Wykonaj małe nacięcie z boku szyi, włóż słomkę i dmuchaj pod skórę, aż spuchnie. Zawieś kaczkę nad miską i odstaw na 1 godzinę.

W garnku zagotować wodę, dodać kaczkę i gotować przez 1 minutę, następnie wyjąć i dobrze osuszyć. Zagotuj wodę i dodaj miód. Wcieraj mieszaninę w skórę kaczki, aż będzie nasycona. Zawieś kaczkę nad pojemnikiem w chłodnym, przewiewnym miejscu na około 8 godzin, aż skórka stwardnieje.

Zawieś kaczkę lub umieść ją na stojaku nad blachą do pieczenia i włóż do nagrzanego piekarnika na 180°C/350°F/termostat 4 na około 1 godzinę 30, regularnie polewając olejem sezamowym.

Aby zrobić naleśniki, zagotuj wodę i powoli dodawaj mąkę. Lekko zagniataj, aż uzyskasz miękkie ciasto, przykryj wilgotnym ręcznikiem kuchennym i odstaw na 15 minut. Rozwałkować na posypanej mąką powierzchni i uformować długi wałek. Pokroić w plastry o grubości 2,5 cm/1, następnie spłaszczyć na grubość około 5 mm/¼ i posmarować wierzch olejem. Układać parami tak, aby naoliwione powierzchnie stykały się ze sobą i lekko posypywać mąką z zewnątrz. Rozłóż pary na szerokość około 10 cm i smaż parami przez około 1 minutę z każdej strony, aż lekko się zarumienią. Oddziel i ułóż w stos, aż będzie gotowy do podania.

Przygotować sosy mieszając połowę sosu hoisin z cukrem, a resztę sosu hoisin z sosem sojowym i olejem sezamowym.

Wyjąć kaczkę z piekarnika, obrać ze skóry i pokroić w kwadraty, a mięso pokroić w kostkę. Układać na osobnych talerzach i podawać z naleśnikami, sosami i dodatkami.

Gulasz z Kaczki Z Ananasem

dla 4 osób

1 kaczka

400 g kawałków ananasa z puszki w syropie

45ml / 3 łyżki sosu sojowego

5ml/1 łyżeczka soli

szczypta świeżo zmielonego pieprzu

Kaczkę włożyć do garnka o grubym dnie, zalać wodą, zagotować, przykryć i gotować 1 godzinę. Syrop ananasowy odcedź na patelnię z sosem sojowym, dopraw solą i pieprzem, przykryj i gotuj przez kolejne 30 minut. Dodaj kawałki ananasa i gotuj przez kolejne 15 minut, aż kaczka będzie miękka.

Kaczka smażona z ananasem

dla 4 osób

1 kaczka
45ml / 3 łyżki mąki kukurydzianej (skrobi kukurydzianej)
45ml / 3 łyżki sosu sojowego
225 g Ananas z puszki w syropie
45 ml / 3 łyżki oleju arachidowego (orzechowego).
2 plasterki korzenia imbiru, pokroić w paski
15 ml/1 łyżka wina ryżowego lub wytrawnego sherry
5ml/1 łyżeczka soli

Mięso oddziel od kości i pokrój na kawałki. Wymieszaj sos sojowy z 30 ml / 2 łyżkami mąki kukurydzianej i wymieszaj z kaczką, aż będzie dobrze pokryta. Odstawiamy na 1 godzinę, od czasu do czasu mieszając. Zmiażdż ananasa i syrop i delikatnie podgrzej na patelni. Pozostałą mąkę kukurydzianą wymieszać z odrobiną wody, wlać na patelnię i podgrzewać na małym ogniu, mieszając, aż sos zgęstnieje. Trzymaj się ciepło. Rozgrzej oliwę i podsmaż imbir, aż się lekko zrumieni, następnie wyrzuć imbir. Dodaj kaczkę i smaż, aż lekko się zarumieni ze wszystkich stron. Dodaj wino lub sherry i sól i smaż jeszcze kilka minut, aż kaczka będzie ugotowana.

Kaczka Ananasowa Imbirowa

dla 4 osób

1 kaczka
100 g imbiru konserwowego w syropie
200 g kawałków ananasa z puszki w syropie
5ml/1 łyżeczka soli
15 ml / 1 łyżka mąki kukurydzianej (skrobi kukurydzianej)
30ml / 2 łyżki wody

Ułóż kaczkę w żaroodpornej misce i umieść ją w garnku z wodą, tak aby sięgała do dwóch trzecich wysokości miski.

Doprowadzić do wrzenia, przykryć i gotować na małym ogniu przez około 2 godziny, aż kaczka będzie miękka. Wyjmij kaczkę i pozwól jej lekko ostygnąć. Usuń skórę i ości, a kaczkę pokrój na kawałki. Ułożyć na talerzu i trzymać w cieple.

Odcedź syrop imbirowo-ananasowy na patelnię, dodaj sól, mąkę kukurydzianą i wodę. Doprowadzić do wrzenia, mieszając i gotować przez kilka minut, mieszając, aż sos się rozrzedzi i zgęstnieje. Dodać imbir i ananasa, wymieszać i polać kaczkę i podawać.

Kaczka z Ananasem i Liczi

dla 4 osób

4 piersi z kaczki
15ml/1 łyżka sosu sojowego
1 ząbek anyżu gwiazdkowatego
1 plasterek korzenia imbiru
olej arachidowy do smażenia
90 ml / 6 łyżek octu winnego
100 g / 4 uncje / ½ szklanki brązowego cukru
250 ml/8 uncji/½ szklanki bulionu z kurczaka
15 ml / 1 łyżka sosu pomidorowego (ketchupu)
200 g kawałków ananasa z puszki w syropie
15 ml / 1 łyżka mąki kukurydzianej (skrobi kukurydzianej)
6 liczi w puszkach
6 wiśni maraschino

Kaczki, sos sojowy, anyż i imbir włóż na patelnię i zalej zimną wodą. Doprowadź do wrzenia, odsącz, przykryj i gotuj przez około 45 minut, aż kaczka będzie ugotowana. Odcedzić i wysuszyć. Smażyć na rozgrzanym oleju, aż będą chrupiące.

W międzyczasie w rondelku wymieszaj ocet winny, cukier, bulion, sos pomidorowy i 30 ml/2 łyżki syropu ananasowego, zagotuj i gotuj przez około 5 minut, aż zgęstnieje. Dodaj owoce i podgrzej, a następnie polej kaczkę i podawaj.

Kaczka Z Wieprzowiną I Kasztanami

dla 4 osób

6 suszonych grzybów chińskich
1 kaczka
8 uncji/225 g kasztanów łuskanych
225 g chudej wieprzowiny pokrojonej w kostkę
3 zielone cebule (szczypiorek), posiekane
1 plasterek posiekanego korzenia imbiru
250 ml/8 uncji/1 szklanka sosu sojowego
900 ml / 1½ pkt. / 3¾ szklanki wody

Grzyby namoczyć w ciepłej wodzie przez 30 minut, a następnie odcedzić. Odrzuć łodygi i odetnij końcówki. Umieścić w dużym rondlu z pozostałymi składnikami, doprowadzić do wrzenia, przykryć i gotować około 1h30, aż kaczka będzie ugotowana.

Kaczka Z Ziemniakami

dla 4 osób

75 ml / 5 łyżek oleju arachidowego (orzechowego).

1 kaczka

3 zmiażdżone ząbki czosnku

30ml/2 łyżki sosu z czarnej fasoli

10ml / 2 łyżeczki soli

1,2 l / 2 punkty / 5 szklanek wody

2 pory, pokrojone w grube plasterki

15ml/1 łyżka cukru

45ml / 3 łyżki sosu sojowego

60ml/4 łyżki wina ryżowego lub wytrawnego sherry

1 ząbek anyżu gwiazdkowatego

900 g ziemniaków, pokrojonych w grube plasterki

½ główki liści chińskich

15 ml / 1 łyżka mąki kukurydzianej (skrobi kukurydzianej)

30ml / 2 łyżki wody

gałązki pietruszki płaskolistnej

Rozgrzej 60 ml/4 łyżki oleju i smaż kaczkę na złoty kolor ze wszystkich stron. Zawiąż lub zszyj koniec szyi i umieść kaczkę szyją w dół w głębokiej misce. Rozgrzej pozostałą oliwę z oliwek i podsmaż czosnek, aż się lekko zrumieni. Dodaj sos z czarnej fasoli i sól i smaż przez 1 minutę. Dodać wodę, por, cukier, sos sojowy, wino lub sherry i anyż gwiazdkowaty i doprowadzić do wrzenia. Wlać 120 ml mieszanki do jamy kaczki i zawiązać lub zszyć. Pozostałą mieszaninę zagotuj na patelni. Dodać kaczkę i ziemniaki, przykryć i gotować przez 40 minut, raz obracając kaczkę. Ułóż liście chińskie na talerzu. Zdjąć kaczkę z patelni, pokroić na 5 cm/2 kawałki i ułożyć na półmisku razem z ziemniakami. Mąkę kukurydzianą wymieszać z wodą na pastę, wlać na patelnię i podgrzewać na małym ogniu, mieszając, aż sos zgęstnieje.

Czerwona Gotowana Kaczka

dla 4 osób

1 kaczka

4 szczypiorki (zielona cebula), pokrojone na kawałki

2 plasterki korzenia imbiru, pokroić w paski
90ml / 6 łyżek sosu sojowego
45ml/3 łyżki wina ryżowego lub wytrawnego sherry
10ml / 2 łyżeczki soli
10ml / 2 łyżeczki cukru

Kaczkę włóż na patelnię z grubym dnem, zalej wodą i zagotuj. Dodać szczypiorek, imbir, wino lub sherry i sól, przykryć i gotować przez około 1 godzinę. Dodać cukier i gotować kolejne 45 minut, aż kaczka będzie miękka. Pokrój kaczkę na talerz i podawaj na ciepło lub na zimno, z sosem lub bez.

Pieczona kaczka z winem ryżowym

dla 4 osób

1 kaczka
500 ml/14 uncji/1¾ szklanki wina ryżowego lub wytrawnego sherry
5ml/1 łyżeczka soli

45ml / 3 łyżki sosu sojowego

Umieść kaczkę na grubej patelni z sherry i solą, zagotuj, przykryj i gotuj na małym ogniu przez 20 minut. Odcedź kaczkę, zachowaj płyn i posmaruj sosem sojowym. Ułożyć na ruszcie nad blaszką do pieczenia z odrobiną gorącej wody i wstawić do nagrzanego piekarnika na 180°C / 350°F / termostat 4 na około 1 godzinę, regularnie polewając zarezerwowanym płynnym winem.

Kaczka na parze w winie ryżowym

dla 4 osób

1 kaczka
4 zielone cebule (szczypiorek), przekrojone na pół
1 plasterek posiekanego korzenia imbiru

250 ml/8 uncji/1 szklanka wina ryżowego lub wytrawnego sherry
30ml / 2 łyżki sosu sojowego
szczypta soli

Kaczkę zblanszować we wrzącej wodzie przez 5 minut i odcedzić. Umieścić w żaroodpornej misce wraz z resztą składników. Umieść miskę na patelni wypełnionej wodą, tak aby sięgała do dwóch trzecich wysokości boków miski. Doprowadzić do wrzenia, przykryć i gotować na małym ogniu przez około 2 godziny, aż kaczka będzie miękka. Przed podaniem wyrzuć szalotkę i imbir.

słona kaczka

dla 4 osób
45 ml / 3 łyżki oleju arachidowego (orzechowego).
4 piersi z kaczki
3 szalotki (zielona cebula), pokrojone w plasterki

2 zmiażdżone ząbki czosnku
1 plasterek posiekanego korzenia imbiru
250 ml/8 uncji/1 szklanka sosu sojowego
30ml/2 łyżki wina ryżowego lub wytrawnego sherry
30 ml / 2 łyżki brązowego cukru
5ml/1 łyżeczka soli
450 ml / ¾ pt / 2 szklanki wody
15 ml / 1 łyżka mąki kukurydzianej (skrobi kukurydzianej)

Rozgrzej olej i smaż piersi z kaczki na złoty kolor. Dodaj szalotkę, czosnek i imbir i smaż przez 2 minuty. Dodaj sos sojowy, wino lub sherry, cukier i sól i dobrze wymieszaj. Dodać wodę, doprowadzić do wrzenia, przykryć i gotować około 1 1/2 godziny, aż mięso będzie bardzo miękkie. Kaszę kukurydzianą wymieszać z odrobiną wody, wlać na patelnię i gotować na małym ogniu, mieszając, aż sos zgęstnieje.

Pikantna kaczka z fasolką szparagową

dla 4 osób
45 ml / 3 łyżki oleju arachidowego (orzechowego).
4 piersi z kaczki
3 szalotki (zielona cebula), pokrojone w plasterki
2 zmiażdżone ząbki czosnku
1 plasterek posiekanego korzenia imbiru

250 ml/8 uncji/1 szklanka sosu sojowego

30ml/2 łyżki wina ryżowego lub wytrawnego sherry

30 ml / 2 łyżki brązowego cukru

5ml/1 łyżeczka soli

450 ml / ¾ pt / 2 szklanki wody

225 g zielonej fasolki

15 ml / 1 łyżka mąki kukurydzianej (skrobi kukurydzianej)

Rozgrzej olej i smaż piersi z kaczki na złoty kolor. Dodaj szalotkę, czosnek i imbir i smaż przez 2 minuty. Dodaj sos sojowy, wino lub sherry, cukier i sól i dobrze wymieszaj. Dodać wodę, zagotować, przykryć i gotować około 45 minut. Dodać fasolę, przykryć i gotować kolejne 20 minut. Kaszę kukurydzianą wymieszać z odrobiną wody, wlać na patelnię i gotować na małym ogniu, mieszając, aż sos zgęstnieje.

duszona kaczka

dla 4 osób

1 kaczka

50 g / 2 uncje / ½ szklanki mąki kukurydzianej (skrobi kukurydzianej)

olej do smażenia

2 zmiażdżone ząbki czosnku

30ml/2 łyżki wina ryżowego lub wytrawnego sherry

30ml / 2 łyżki sosu sojowego

5ml/1 łyżeczka startego korzenia imbiru

750 ml / 1 ¼ pkt. / 3 szklanki bulionu z kurczaka

4 suszone grzyby chińskie

225 g pędów bambusa, pokrojonych w plasterki

225 g kasztanów wodnych, pokrojonych w plasterki

10ml / 2 łyżeczki cukru

szczypta pieprzu

5 szalotek (zielona cebula), pokrojonych w plasterki

Kaczkę pokroić na małe kawałki. Odlać 30 ml / 2 łyżki mąki kukurydzianej i obtoczyć kaczkę pozostałą mąką kukurydzianą. Usuń nadmiar proszku. Rozgrzej oliwę z oliwek i podsmaż czosnek i kaczkę, aż się lekko zrumienią. Zdjąć z patelni i odsączyć na papierowym ręczniku. Umieść kaczkę na dużej patelni. Wymieszaj wino lub sherry, 15 ml/1 łyżkę sosu sojowego i imbir. Dodaj na patelnię i smaż na dużym ogniu przez 2 minuty. Dodać połowę bulionu, doprowadzić do wrzenia, przykryć i dusić około 1 godziny, aż kaczka będzie miękka.

W międzyczasie namoczyć grzyby w ciepłej wodzie na 30 minut, a następnie odcedzić. Odrzuć łodygi i odetnij końcówki. Do kaczki dodać grzyby, pędy bambusa i kasztany wodne i smażyć często mieszając przez 5 minut. Usuń tłuszcz z płynu. Pozostały bulion, mąkę kukurydzianą i sos sojowy połączyć z cukrem i pieprzem i wymieszać na patelni. Doprowadzić do wrzenia, ciągle mieszając i gotować około 5 minut, aż sos zgęstnieje. Przełożyć do gorącej miski i podawać udekorowane szczypiorkiem.

Smażona kaczka

dla 4 osób

1 lekko ubite białko
20ml / 1½ łyżki mąki kukurydzianej (skrobi kukurydzianej)
sól
450 g/1 funt cienko pokrojonej piersi z kaczki
45 ml / 3 łyżki oleju arachidowego (orzechowego).
2 szczypiorek (zielona cebula), pokrojony w paski
1 zielona papryka pokrojona w paski
5ml/1 łyżeczka wina ryżowego lub wytrawnego sherry
75ml / 5 łyżek bulionu z kurczaka
2,5 ml / ½ łyżeczki cukru

Białka ubić z 15 ml / 1 łyżką mąki kukurydzianej i szczyptą soli. Dodaj posiekaną kaczkę i mieszaj, aż kaczka będzie nią pokryta. Rozgrzej olej i smaż kaczkę, aż będzie ugotowana i złocista. Zdjąć kaczkę z patelni i odsączyć całość z wyjątkiem 30 ml/2 łyżki oleju. Dodaj szczypiorek i pieprz i smaż przez 3 minuty. Dodać wino lub sherry, bulion i cukier i doprowadzić do wrzenia. Pozostałą mąkę kukurydzianą wymieszać z odrobiną wody, dodać do sosu i gotować, mieszając, aż sos zgęstnieje. Dodać kaczkę, podgrzać i podawać.

kaczka ze słodkimi ziemniakami

dla 4 osób

1 kaczka

250 ml/8 uncji/1 szklanka oleju arachidowego

225 g słodkich ziemniaków, obranych i pokrojonych w kostkę

2 zmiażdżone ząbki czosnku

1 plasterek posiekanego korzenia imbiru

2,5 ml / ½ łyżeczki cynamonu

2,5 ml / ½ łyżeczki mielonych goździków

szczypta mielonego anyżu

5ml/1 łyżeczka cukru

15ml/1 łyżka sosu sojowego

250 ml/8 uncji uncji/1 szklanka bulionu z kurczaka

15 ml / 1 łyżka mąki kukurydzianej (skrobi kukurydzianej)

30ml / 2 łyżki wody

Kaczkę pokroić na 5 cm / 2 kawałki, rozgrzać olej i smażyć ziemniaki na złoty kolor. Zdjąć je z patelni i odsączyć poza 30 ml / 2 łyżkami oleju. Dodaj czosnek i imbir i smaż przez 30 sekund. Dodaj kaczkę i smaż, aż lekko się zarumieni ze wszystkich stron. Dodać przyprawy, cukier, sos sojowy i bulion i doprowadzić do wrzenia. Dodać ziemniaki, przykryć i gotować około 20 minut, aż kaczka będzie miękka. Pastę kukurydzianą wymieszać z wodą, dodać na patelnię i smażyć, mieszając, aż sos zgęstnieje.

słodko-kwaśna kaczka

dla 4 osób

1 kaczka

1,2 l / 2 punkty / 5 szklanek bulionu z kurczaka

2 cebule

2 marchewki

2 pokrojone ząbki czosnku

15 ml / 1 łyżka przyprawy do marynowania

10ml / 2 łyżeczki soli

10ml / 2 łyżeczki oleju arachidowego

6 szczypiorków (zielona cebula), posiekanych

1 mango obrane i pokrojone w kostkę

12 liczi, przekrojonych na pół

15 ml / 1 łyżka mąki kukurydzianej (skrobi kukurydzianej)

15 ml / 1 łyżka octu winnego

10ml / 2 łyżeczki przecieru pomidorowego (pasty)

15ml / 1 łyżka sosu sojowego

5ml / 1 łyżeczka proszku pięciu przypraw

300 ml / ½ pt / 1¼ szklanki bulionu z kurczaka

Umieść kaczkę w koszyku do gotowania na parze nad patelnią zawierającą bulion, cebulę, marchewkę, czosnek, pikle i sól. Przykryj i gotuj na parze przez 2 1/2 godziny. Ochłodzić kaczkę, przykryć i pozostawić do ostygnięcia na 6 godzin. Usuń mięso z kości i pokrój je w kostkę. Rozgrzej oliwę z oliwek i podsmaż kaczkę i szczypiorek, aż będą chrupiące. Dodać pozostałe składniki, doprowadzić do wrzenia i gotować 2 minuty, mieszając, aż sos zgęstnieje.

kaczka mandarynka

dla 4 osób

1 kaczka
60ml / 4 łyżki oleju arachidowego
1 sztuka suszonej skórki mandarynki
900 ml / 1½ pkt. / 3¾ szklanki bulionu z kurczaka
5ml/1 łyżeczka soli

Powiesić kaczkę do wyschnięcia na 2 godziny. Rozgrzewamy połowę oleju i smażymy kaczkę, aż się lekko zrumieni. Przełożyć do dużej żaroodpornej miski. Rozgrzej resztę oleju i smaż skórkę mandarynki przez 2 minuty, a następnie włóż ją do kaczki. Kaczkę zalewamy bulionem i doprawiamy solą. Miskę postaw na drucianej kratce w naczyniu do gotowania na parze, przykryj i gotuj na parze przez około 2 godziny, aż kaczka będzie miękka.

Kaczka Z Warzywami

dla 4 osób

1 duża kaczka pokrojona na 16 kawałków
sól
300 ml / ½ pt / 1¼ szklanki wody
300 ml / ½ pt / 1¼ szklanki białego wytrawnego wina
120 ml/4 uncji/½ szklanki octu winnego

45ml / 3 łyżki sosu sojowego

30ml / 2 łyżki sosu śliwkowego

30ml / 2 łyżki sosu hoisin

5ml/1 łyżeczka proszku pięciu przypraw

6 szczypiorków (zielona cebula), posiekanych

2 pokrojone marchewki

5 cm / 2 posiekane białe rzodkiewki

50 g bok choy, pokrojonej w kostkę

świeżo zmielony pieprz

5ml/1 łyżeczka cukru

Kawałki kaczki włóż do miski, posyp solą, dodaj wodę i wino. Dodać ocet winny, sos sojowy, sos śliwkowy, sos hoisin i proszek pięciu przypraw, doprowadzić do wrzenia, przykryć i gotować na wolnym ogniu przez około 1 godzinę. Dodaj warzywa na patelnię, zdejmij pokrywkę i gotuj przez kolejne 10 minut. Doprawić solą, pieprzem i cukrem, ostudzić. Przykryj i wstaw do lodówki na noc. Odtłuścić i podgrzewać kaczkę w sosie przez 20 minut.

Smażona Kaczka Z Warzywami

dla 4 osób

4 suszone grzyby chińskie
1 kaczka
10ml / 2 łyżeczki mąki kukurydzianej (skrobi kukurydzianej)
15ml/1 łyżka sosu sojowego
45 ml / 3 łyżki oleju arachidowego (orzechowego).
100 g pędów bambusa pokrojonych w paski
50 g kasztanów wodnych, pokrojonych w paski
120 ml/4 uncji/½ szklanki bulionu z kurczaka
15 ml/1 łyżka wina ryżowego lub wytrawnego sherry
5ml/1 łyżeczka soli

Grzyby namoczyć w ciepłej wodzie przez 30 minut, a następnie odcedzić. Odrzuć łodygi, a wierzch pokrój w kostkę. Usuń mięso z kości i pokrój je na kawałki. Wymieszaj mąkę kukurydzianą i sos sojowy, dodaj do mięsa z kaczki i odstaw na 1 godzinę. Rozgrzej olej i smaż kaczkę, aż będzie lekko rumiana ze wszystkich stron. Wyjąć z formy. Na patelnię dodaj grzyby, pędy bambusa i kasztany wodne i smaż przez 3 minuty. Dodać bulion, wino lub sherry i sól, doprowadzić do wrzenia i gotować przez 3 minuty. Włóż kaczkę z powrotem na patelnię, przykryj i gotuj przez kolejne 10 minut, aż będzie miękka.

www.ingramcontent.com/pod-product-compliance
Lightning Source LLC
Chambersburg PA
CBHW071911110526
44591CB00011B/1635